Astrid Kopp-Duller   Livia R. Pailer-Duller

Dyskalkulie - Training nach der AFS-Methode

Ein Arbeitsbuch mit vielen praktischen Ideen für den Unterricht und das Training von Kindern mit Dyskalkulie oder Rechenschwäche

In Erinnerung an unsere
liebe Mutti und Großmutter „Mimi",
die uns mit ihrem besonderen pädagogischen
Verständnis zu Höchstleistungen motivierte.
Die Autorinnen

> „Ein bisschen Fleiß, ein wenig Mut,
> ein fester Wille, und alles geht gut!"
> **Ludmilla Duller 1965**

Zu diesem Buch

»Wie kann ich Kindern mit Rechenproblemen konkret helfen?«

Diese Frage beschäftigt jeden interessierten Lehrer und auch Eltern von betroffenen Kindern. Das vorliegende Buch **„Dyskalkulie - Training nach der AFS-Methode"** ist ein Arbeitsbuch mit vielen praktischen Ideen für den Unterricht und das konkrete Training von Kindern mit Dyskalkulie oder Rechenschwäche.

Die Autorin, Frau Dr. Astrid Kopp-Duller, hat nach ihrem erfolgreichen Arbeitsbuch „Legasthenie - Training nach der AFS-Methode" gemeinsam mit der Co-Autorin, Frau Mag. Livia R. Pailer-Duller, das vorliegende Buch verfasst. Frau Dr. Kopp-Duller hat die so erfolgreiche **A**(ufmerksamkeitstraining) **F**(unktionstraining) **S**(ymptomtraining)-Methode mitentwickelt. Diese Methode entstand aus der genauen Beobachtung und Charakterisierung von Menschen mit Legasthenie bzw. Dyskalkulie und aus der Konsequenz daraus, den Betroffenen in allen ihre Probleme verursachenden Bereichen zu helfen. Auch Kinder mit einer Dyskalkulie, genau wie solche mit einer Legasthenie, zeigen differente Sinneswahrnehmungen.

Deshalb entstand diese sowohl theoretische als auch praktische Abhandlung, welche für Dyskalkulie- und Legasthenietrainer, Lehrer oder Eltern ein wertvolles Werkzeug für die praktische Arbeit darstellt.

Zur beiliegenden CD-Rom

Diesem Arbeitsbuch liegt eine CD-Rom bei. Viele Übungen und Arbeitsblätter sind darauf enthalten und können ausgedruckt werden. Die Daten sind als PDF-Dateien abgespeichert und können mit einem PDF-Leseprogramm wie z.B. dem „Adobe Acrobat Reader" geöffnet werden. Die CD-Rom ist geeignet für Windows, Apple Mac OS und Linux.

Dyskalkulie - Training
nach der

Methode

Dr. Astrid Kopp-Duller, Mag. Livia R. Pailer-Duller

© **Dyslexia Research Center AG**
Erstausgabe: Juni 2001
2. Auflage: Januar 2005
3. Auflage: März 2009
4. Auflage: März 2013
5. Auflage: Mai 2018

EÖDL-Verlag
Feldmarschall Conrad Platz 7, 9020 Klagenfurt, Österreich
office@legasthenie.at, www.legasthenie.at
Buch: www.legasthenie.at/dyskalkulie/
ISBN 978-3-902657-04-6

Alle Rechte, insbesondere die der Übersetzung in andere Sprachen, vorbehalten. Kein Teil des Buches darf ohne schriftliche Genehmigung des Verlages in irgendeiner Form - durch Fotokopie, Mikroverfilmung oder irgendein anderes Verfahren - reproduziert oder in eine von Maschinen, insbesondere von Datenverarbeitungsmaschinen, verwendbare Sprache übertragen oder übersetzt werden. Die Wiedergabe von Warenbezeichnungen, Handelsnamen oder sonstigen Kennzeichen in diesem Buch berechtigt nicht zu der Annahme, dass diese von jedermann frei benutzt werden dürfen. Vielmehr kann es sich auch dann um eingetragene Warenzeichen oder sonstige gesetzlich geschützte Zeichen handeln, wenn sie nicht ausdrücklich als solche markiert sind.

All rights are reserved (including those of translation into other languages). No part of this book may be reproduced in any form - by photo print, microfilm, or any other means - nor transmitted or translated into machine language without written permission from the publisher. Registered names, trademarks, etc. used in this book, even if not specifically marked as such, are not to be considered unprotected by law.

Herstellung: EÖDL-Verlag; Layout und Gestaltung: Mag. Livia R. Pailer-Duller, Mario Engel, Manfred Pailer; Druck und Verarbeitung: Druckerei Berger, Horn

Inhaltsverzeichnis

Vorwort   **7**

Mein Kind hat Dyskalkulie   **11**

Das Phänomen der Dyskalkulie   **15**

    Das Phänomen der Dyskalkulie erkennen   **15**

    Das Phänomen der Dyskalkulie verstehen   **18**

    Das Phänomen der Dyskalkulie akzeptieren   **18**

Das Training nach der AFS-Methode   **21**

    Das Phänomen der Dyskalkulie bewältigen   **21**

    Aufmerksamkeitstraining   **22**

    Funktionstraining   **27**

    Grundsätze mathematischer Didaktik bei Rechenschwierigkeiten   **29**

    Symptomtraining   **33**

        Der erste Schritt - Das Erarbeiten der Zahlensymbole   **35**

        Der zweite Schritt - Das Zählen   **43**

        Der dritte Schritt - Symbol und Menge   **46**

Die vier Grundrechenarten   **49**

    Das Addieren - Mengen werden größer   **49**

Das Subtrahieren - Mengen werden kleiner	**52**
Das Multiplizieren	**53**
Das Dividieren	**54**

Was man beim Rechentraining noch beachten sollte   55

Easy Maths Set   63

Computer und Mathematik   65

Schlusswort   69

Glossar   71

Literaturverzeichnis   73

Praxisteil   77

Vorwort

Zur ersten Auflage

Das vorliegende Arbeitsbuch stellt eine besondere Unterstützung für Dyskalkulie- und Legasthenietrainer, Lehrer und Eltern bei der Förderung von Kindern mit einer Dyskalkulie oder Rechenschwäche dar. Nach einer theoretischen, bewusst kurz gehaltenen Einführung in die Thematik folgen zahlreiche Übungen und Arbeitsblätter für das praktische Arbeiten.

Dem Bereich des Trainierens am S(ymptom), der eigentlich den dritten Teil der AFS-Methode ausmacht, wird in diesem Buch der bei weitem größte Abschnitt zuteil. Die Bereiche A(ufmerksamkeit) und F(unktion) - das Training der Sinneswahrnehmungen - sind besonders intensiv anhand von praktischen Beispielen im Buch: „Legasthenie - Training nach der AFS-Methode" abgehandelt worden. Deshalb wurde keine ausführliche Wiederholung in diesem Arbeitsbuch, dem zweiten und ergänzenden Teil, angestrebt.

Von einer Dyskalkulie sind zwar weit weniger Kinder betroffen als von einer Legasthenie, doch ist auch, wenn diese Problematik in den ersten Schuljahren auftritt, dringend individuelle Hilfe notwendig. Denn auch eine Dyskalkulie verschwindet nicht von alleine. Das wäre höchstens eine Wunschvorstellung von so manchen leidgeplagten Eltern und Lehrern. Auch die Forschung beschäftigt sich im Gegensatz zur Legasthenie mit der Dyskalkulie erst seit zirka 15 Jahren. Die Dyskalkulie tritt in den meisten Fällen gemeinsam mit einer Legasthenie auf. Es sind in diesem Falle nicht nur Buchstaben, die Schwierigkeiten bereiten, sondern auch Zahlen.

Natürlich gibt es sowohl eine isolierte Dyskalkulie als auch eine isolierte Legasthenie. Viele legasthene Kinder haben nicht die geringsten Probleme mit Rechenoperationen, viele Kinder mit einer Dyskalkulie haben nicht die geringsten Probleme mit dem Schreiben oder Lesen. Manchmal treten in der dritten Schulstufe Schwierigkeiten bei sogenannten Sachaufgaben auf. Diese hängen dann aber weniger mit einer vorhandenen Dyskalkulie als mit dem verminderten Leseverständnis zusammen, das durch eine vorhandene Legasthenie des Kindes besteht.

Voraussetzung ist auch beim Verdacht auf Dyskalkulie, genau wie bei einer Legasthenie, eine genaue Abklärung der eventuell vorliegenden Dyskalkulie. Denn genauso wenig wie es „die" Legasthenie gibt, gibt es auch nicht „die" Dyskalkulie. Die Ausprägungen sind bei jedem Kind verschieden. Deshalb ist auch bei einer Dyskalkulie eine individuelle, auf das Kind abgestimmte Förderung notwendig. Mit der AFS-Methode ist eine perfekte Möglichkeit gegeben, Kindern punktgenau zu helfen.

In diesem Arbeitsbuch werden eine Menge Anregungen für das Dyskalkulietraining, welche man so notwendig bei der praktischen Arbeit mit den Kindern braucht, gegeben. Es soll aber auch dazu anregen, selbst Übungen in etwas abgeänderter Form zu kreieren und zu verwenden.

Juni 2001

Zur dritten Auflage

Erfreulicherweise ist zu beobachten, dass den Themen Dyskalkulie und Rechenschwäche in den letzten Jahren mehr Beachtung geschenkt wird und diese an Bedeutung gewonnen haben. Wissenschaftler, besonders die des pädagogischen Bereiches, entwickeln verstärkt Methoden, welche die betroffenen Kinder beim Erlernen mathematischer Operationen unterstützen.

Zahlreiche Kinder, die in den ersten Schulstufen Schwierigkeiten haben, mit den in den Schulen angebotenen Methoden das Rechnen zu erlernen, werden zum Glück nicht mehr sofort als schwach, gestört, krank, behindert oder als einfach faul betrachtet, sondern man zieht, wenn sich Rechenschwierigkeiten einstellen, auch immer häufiger in Betracht, dass eine Dyskalkulie, die genetische Ursachen hat, oder auch eine erworbene Rechenschwäche, die durch psychische oder physische Ursachen hervorgerufen wird, vorhanden sein könnte.

Die betroffenen Kinder erhalten verstärkt durch ausgebildete Spezialisten auf pädagogisch-didaktischer Ebene eine individuelle, auf ihre Probleme abgestimmte Förderung. Diplomierte Dyskalkulietrainer verfügen über eine fundierte Ausbildung, um in der pädagogischen Förderdiagnostik die individuellen Schwierigkeiten der Kinder festzustellen und in weiterer Folge ein gezieltes Training durchzuführen. Dafür steht diplomierten Dyskalkulietrainern ein pädagogisches Testverfahren (AFS-Computertestverfahren) zur Verfügung, welches wichtige Hinweise darauf gibt, wie die Förderung am wirksamsten vonstattengehen soll. Dieses einzigartige pädagogische Werkzeug wurde von Pädagogen für Pädagogen und mit den notwendigen Erfahrungswerten aus der Praxis entwickelt. Wie wichtig es ist, bereits vor Beginn einer Förderung festzustellen, wo die Probleme der Kinder liegen, denn diese können sehr vielfältig sein, zeigt sich in den Erfolgen, die nur dann gewährleistet sind, wenn auch der Förderansatz richtig gewählt wurde.

Besonders bei dyskalkulen Kindern stellt man immer wieder fest, dass ein ausschließliches Rechenüben leider nicht den gewünschten Erfolg bringt. Deshalb muss auch die notwendige Aufmerksamkeitsfokussierung beim Rechnen selbst trainiert werden und zusätzlich muss noch sichergestellt werden, dass die Sinneswahrnehmungsbereiche für die Durchführung von Rechenoperationen ausreichend ausgebildet sind.

Deshalb bewährt sich die AFS-Methode schon seit vielen Jahren auch im Dyskalkuliebereich.

Es zeigt sich, dass eine pädagogische Intervention logischerweise, wenn es zu Rechenschwierigkeiten kommt, immer notwendig ist, denn nur Pädagogen sind dafür ausgebildet, Kinder das Rechnen zu lehren. Natürlich sind speziell auch bei einer Sekundärdyskalkulie – darunter versteht man genetisch verursachte Rechenprobleme, zu denen sich noch psychische oder physische Auffälligkeiten hinzugesellen – oder auch bei einer Rechenschwäche – Rechenprobleme, wo die Verursachung im psychischen und/ oder physischen Bereich liegt – gegebenenfalls Gesundheitsberufe in die Förderung mit einzubeziehen, damit ein anhaltender Erfolg erzielt werden kann. Es ist jedoch abzulehnen, dass von vornherein eine Pathologisierung stattfindet, wenn sich Rechenschwierigkeiten bei Kindern zeigen, denn zumeist sind diese auf pädagogischer Ebene mittels gezielter Förderung zu lösen.

Im Sinne der Betroffenen gilt es zu verhindern, dass Kinder mit Rechenproblemen lediglich Therapien durch Gesundheitsberufe erhalten, jedoch nicht den pädagogisch-didaktischen Ansatz, der für sie notwendig wäre, damit sie das Rechnen erlernen. Deshalb ist es notwendig, dass Dyskalkuliespezialisten den Eltern und Lehrern stets erklärend, unterstützend und beratend zur Seite stehen und die Relevanz und die Notwendigkeit der pädagogisch-didaktischen Intervention hervorheben. Nur damit kann erreicht werden, dass Kinder mit Rechenproblemen die für sie notwendige Hilfe erhalten und damit die Chancen auf eine erfolgreiche Schullaufbahn bestehen bleiben.

März 2009

Mein Kind hat Dyskalkulie

In den wissenschaftlichen Definitionen bezüglich des Phänomens der Dyskalkulie findet man immer wieder die Kernbezeichnung „Teilleistungsschwäche Mathematik". Damit ist gemeint, dass ein Kind, welches sonst gute Schulleistungen aufweist, einen auffallend schlechten Zugang zur Rechenmaterie hat. Die auch als sogenannte Rechenschwäche bezeichnete Dyskalkulie ist deutlich von einer generell mangelnden Intelligenz abzugrenzen. Denn meist tritt eine Dyskalkulie bei jenen Kindern auf, die in der Vorschulzeit als besonders aufgeweckt gelten und von denen niemand erwartet, dass ihnen die Schule Probleme bereiten wird. Diese Tatsache trifft die Eltern solcher Kinder natürlich ganz besonders und manchmal wollen sie es auch nicht wahrhaben. Dadurch verstreicht wertvolle Zeit, die schon für eine spezielle Förderung genützt werden könnte. Auch für die Dyskalkulie gilt das Gleiche wie für die Legasthenie: Je früher die Hilfe einsetzt, desto schneller zeichnet sich ein Erfolg ab. Werden die Probleme in der Grundschule nicht beseitigt, ergeben sich später nicht nur Schwierigkeiten in den Fächern Physik, Chemie und eventuell auch in Informatik, sondern auch in der höheren Mathematik. Besonders wichtig ist aber auch, dass die betroffenen Kinder nicht zu psychischen Äußerungen wie Schulverweigerung, psychosomatischen Erkrankungen, Verhaltensstörungen und vielem mehr getrieben werden, die zumeist die Umwelt sehr negativ aufnehmen. Tatsächlich kann eine lang ignorierte Dyskalkulie eine ganze Palette von psychischen Störungen hervorrufen. Diese Störungen zu bekämpfen erweist sich oftmals als wesentlich schwerer, als die Dyskalkulie in den Griff zu bekommen.

Diese Definition der „TLS Mathematik" trifft aber nur dann zu, wenn gleichzeitig keine Legasthenie vorhanden ist. Bei einer gleichzeitig auftretenden Legasthenie und Dyskalkulie sind sowohl Probleme im Buchstaben- als auch im Zahlenbereich zu bemerken. Der häufigere Fall ist, dass Dyskalkulie nicht isoliert auftritt. Dann muss das betroffene Kind in beiden Bereichen gefördert werden. Der Aufmerksamkeitsbereich und der Funktionsbereich können sowohl für die Legasthenie als auch für die Dyskalkulie gemeinsam trainiert werden, das Symptomtraining muss natürlich im Schreib- und Lesebereich und auch im Rechenbereich speziell und getrennt gefördert werden.

Wie der Legasthenie liegen auch der Dyskalkulie Defizite in den einzelnen Bereichen der Sinneswahrnehmungen zugrunde, wobei aber die Bezeichnungen wie Schwäche oder Störung, gar Behinderung oder Krankheit, wirklich nur bedingt anwendbar sind. Oftmals wird die Dyskalkulie auch als Rechenschwäche bezeichnet, was nicht korrekt ist. Es gibt nämlich Kinder, die tatsächlich rechenschwach sind, aber keine Dyskalkulie haben. Eine Rechenschwäche kann auch durch mangelnde Intelligenz, mangelhafte Beschulung, schwerwiegende Ereignisse im Leben des Kindes, welche psychische Probleme hervorrufen, und viele andere Ursachen mehr hervorgerufen, also erworben werden.

Kinder mit Dyskalkulie, die meist anlagebedingt im Kind vorhanden ist, haben einen völlig anderen Zugang zur Rechenmaterie als Kinder, die keine Dyskalkulie aufweisen. Die Kinder haben meist wenig Beziehung zu Zahlen, Zahlenräumen, zur Zeit, zum Raum und zu Maßen, Größen oder Distanzen. Kinder mit einer Dyskalkulie ergehen sich in sogenannte subjektive Algorithmen, sie entwickeln eigene Verfahrensweisen, die aber nicht immer zu einem richtigen Ergebnis führen. Sie nehmen auch zumeist sehr widersprüchliche Ergebnisse bei Rechenprozessen kritiklos hin.
Durch die differenten Sinneswahrnehmungen kommt es zu einer zeitweise auftretenden Unaufmerksamkeit, wenn das Kind mit Zahlen hantiert, also rechnet. Dies ist bei Kindern mit einer Dyskalkulie sehr gut zu

beobachten. Die Fehlersymptomatik, in Form von Zahlenverwechslungen, Zahlenstürzen, Umkehrungen und vieles andere mehr, wird sichtbar. Die Fehler sind aber nur die Folgeerscheinungen der differenten Wahrnehmung und der Unaufmerksamkeit. Deshalb ist es bei einer Dyskalkulie genauso wie bei einer Legasthenie wenig zielführend, nur die Symptomatik zu bekämpfen, sprich nur an den Fehlern zu arbeiten. Ein umfassendes Trainingsprogramm, wie es die AFS-Methode bietet, muss unter Berücksichtigung der Bedürfnisse des jeweiligen Kindes geduldig durchgeführt werden. Viel Zeit und Geduld sind wesentliche Faktoren für das Gelingen des Trainings. Es ist für einen Nichtbetroffenen natürlich schwer nachvollziehbar, dass ein doch intelligentes Kind so oft dieselben Übungen im Symptombereich durchmachen muss, bis diese schließlich doch gelingen. Ein besonderes Beispiel dafür ist das Erlernen des Einmaleins. Unzählige Male muss immer wieder wiederholt und wiederholt werden. Doch schließlich wird die Geduld belohnt und das Kind kann seine Probleme mit gezielter Hilfe überwinden. Denn eines ist sicher, die Dyskalkulie wächst sich nicht aus oder verschwindet von alleine, genauso wenig wie die Legasthenie!

Mengen lassen sich auch mit Lego darstellen.

Das Phänomen der Dyskalkulie

Das Phänomen der Dyskalkulie erkennen

Wann kann man eine Dyskalkulie vermuten, und wie kann man sie erkennen? Schon vor dem Schulbeginn gibt es zahlreiche Indizien, die auf eine Dyskalkulie hinweisen können, aber nicht müssen! Es gibt auch Kinder mit gleichen oder ähnlichen Problemen, die keine Dyskalkulie haben. Deshalb ist auch die Problematik eine sehr schwer zu definierende. Grundsätzlich ist zu bemerken, dass diese Kinder kein Interesse an Zahlensymbolen zeigen. Preise, welche auf Waren im Kaufhaus stehen, bemerken sie gar nicht. Diese Kinder lehnen Spiele ab, bei denen gezählt werden muss. Sie verstehen den Wert des Geldes nicht. Sie verwechseln richtungsweisende Bezeichnungen wie oben, unten, rechts, links. Sie können beim Vergleichen nicht sagen, ob ein Gegenstand größer, kleiner, dicker, dünner usw. ist. Sie haben kein Gefühl für Proportionen, was speziell bei Körperzeichnungen zu beobachten ist.

Nach Schulbeginn verstärken sich die Anzeichen in dem direkten Bezug mit den Zahlen und Rechenoperationen. Der nachstehende Katalog soll eine Unterstützung geben, wenn man bei einem Kind eine Dyskalkulie vermutet.

Müssen Sie mindestens 5 Fragen mit einem Ja beantworten, so kann man von einer bestehenden Dyskalkulie ausgehen.

Zwanzig-Fragen-Katalog Dyskalkulie

	Ja	Nein
• Das Kind benötigt ungewöhnlich viel Zeit für Rechenoperationen und zeigt schnell einen Erschöpfungszustand		
• Zahlenräume, Mengen, Größen, Formen, Distanzen können schlecht erfasst werden, die Verbindung zwischen Zahlenbegriff und Menge fehlt		
• Rechensymbole (Plus, Minus, Divisions- und Multiplikationszeichen) werden nicht immer erkannt		
• Trotz intensiven Übens werden keine wesentlichen Fortschritte erzielt, Geübtes wird schnell wieder vergessen		
• Auslassen von Ziffern		
• Schwierigkeiten beim Überschreiten des Zehner- und/oder Hunderterschrittes		
• Zahlenreihen können nicht korrekt weitergeführt werden		
• Reversieren von Zahlen (67/76)		
• Verwechslung von ähnlich klingenden Zahlen (19/90)		

	Ja	Nein
• Beim Kopfrechnen können Zwischenergebnisse nicht gespeichert werden		
• Schwierigkeiten beim Erlernen des Einmaleins		
• Seitenverkehrtes Schreiben oder Lesen von Zahlen (6/9)		
• Verwechslung ähnlich aussehender Zahlen (6/5)		
• Falsche Wiedergabe von Zahlen beim Abschreiben		
• Schwierigkeiten bei der Wahrnehmung und Reproduktion räumlicher und zeitlicher Abfolgen		
• Textaufgaben und/oder Rechenaufgaben mit zusätzlichen Texten bereiten große Schwierigkeiten		
• Widersprüchliche Ergebnisse werden nicht bemerkt und/oder geduldet		
• Kein Abschätzungsvermögen: z.B. zwischen Reihung und Ergebnis wird keine Verbindung erkannt (14 + 20 = 16)		
• Zählen und/oder Rückwärtszählen gelingt nicht oder nur unter Verwendung der Finger		
• Generelle Regelunsicherheit		

Das Phänomen der Dyskalkulie verstehen

Man sollte jetzt ja nicht den Fehler machen, in Vorurteile zu verfallen, wie: Jemand, der das Rechnen nicht erlernt oder der nicht rechnen kann, ist dumm. Oder: Für Mathematik braucht man ganz einfach eine besondere Begabung. Das trifft vielleicht auf die höhere Mathematik zu, keinesfalls aber auf die Grundrechenarten, die diesen Kindern so große Probleme bereiten.

Auch Kinder mit einer Dyskalkulie wollen das Rechnen erlernen, nur verstehen sie die Materie, die ihnen mit den üblichen didaktischen Methoden nahegebracht wird, einfach nicht. Deshalb sind besondere Schritte notwendig.

Faszinierend ist auch zu beobachten, wie sich diese Kinder oft eigene Strategien oder Regeln schaffen, mit denen sie die Mathematik bezwingen wollen. Die dafür aufgebrachte Fantasie ist manchmal grenzenlos. Es ist nicht nur einmal passiert, dass zwar der Weg zum Rechenergebnis der falsche war, das Ergebnis aber als richtig bewertet werden musste. Solche Strategien führen aber nur mit kleinen Zahlen zum Erfolg. Werden die Zahlen größer, so funktionieren die Strategien nicht mehr. Beispiele dafür gibt es viele.

Die Grundvoraussetzung ist, dass Sie das Kind verstehen und erkennen, warum es derartige, für den nichtbetroffenen Menschen völlig unverständliche Dinge beim Rechnen tut.

Das Phänomen der Dyskalkulie akzeptieren

Eines ist sicher, auch das Kind mit einer Dyskalkulie oder Arithmasthenie, hochwissenschaftlich ausgedrückt, erlernt das Rechnen. Der erste Schritt kann nur durch eine Akzeptanz der Gegebenheiten vonseiten der Eltern und auch des Lehrers getan werden. Je eher dies passiert, desto größer sind die Chancen, dass ein Kind mit einer Dyskalkulie die individuelle Hilfe bekommt, welche es benötigt. Völlig falsch wäre es, auf bessere Zeiten zu warten. Eine Dyskalkulie löst sich leider nicht von alleine auf. Das ist nur ein Wunschdenken von geplagten Lehrern und Eltern.

Der zweite Schritt ist die gezielte Förderung über einen langen Zeitraum! Tatsächlich müssen Personen, die sich mit diesen Kindern beschäftigen, sie fördern, mehr Geduld aufbringen als gewöhnlich, denn eine Änderung im Zugang zu den Zahlen und zu mathematischen Vorgängen wird äußerst langsam erreicht. Die Praxis zeigt, dass unzählige Male die gleichen Schritte geübt werden müssen, damit eine merkliche Verbesserung beim Rechnen eintritt.

Das Training nach der AFS-Methode

Das Phänomen der Dyskalkulie bewältigen

Wie schon erwähnt, hat sich gezeigt, dass auch ein Kind mit einer Dyskalkulie in drei wichtigen Bereichen Defizite hat, denen man unbedingt Aufmerksamkeit schenken sollte. Vor dem Training muss ein genaues Profil, ein Gesamtprofil, erstellt werden und eine Analyse der Fehlererscheinungen erfolgen. Dann tragen drei Schritte wesentlich zu einer erfolgreichen Förderung bei. Der erste Ansatz ist, die Aufmerksamkeit des Kindes beim Rechnen zu verbessern. Die Fehler, welche dabei entstehen, beruhen sehr stark auf der Tatsache, dass das Kind mit den Gedanken mehr oder weniger abwesend ist.

Die Funktionen oder Sinneswahrnehmungen, welche für das Rechnen benötigt werden, laufen beim Kind mit einer Dyskalkulie nicht in geregelten Bahnen. Zufallserfolge sind an der Tagesordnung. Daher muss ein erfolgreiches Training unbedingt die Sinneswahrnehmungen, welche man zum Rechnen braucht, trainieren und damit verbessern. Die Kinder müssen lernen, besser hinzuschauen, besser hinzuhören und den Raum besser einzuschätzen.

Natürlich ist der Grundsatz „Ohne Rechenübung kein erfolgreiches Rechnen!" unbedingt zu beachten. Jedes Kind muss, wenn es das Rechnen erlernt, üben. Nicht nur das Kind mit einer Dyskalkulie! Allerdings soll man doch bei der bitteren Wahrheit bleiben, dass ein Kind mit Rechenproblemen mehr Zeit für die Materie aufwenden muss, um den Wissensstand der Mitschüler zu erreichen. Ein Mehraufwand ist Tatsache! Daran kommt man nicht vorbei.

Aufmerksamkeitstraining

Ein aufmerksames, waches Kind erreicht bessere Ergebnisse und macht weniger Fehler, wenn es rechnet. Um diese Tatsache kommen wir nicht herum. Beobachtet man nun ein Kind mit einer Dyskalkulie, so bemerkt man sehr schnell, dass es dem Kind, wenn überhaupt, nur sehr kurzzeitig gelingt, sich mit den ungeliebten Zahlen auseinanderzusetzen. Ständig schweifen seine Blicke ab, und sehr schnell sind seine Gedanken nicht mehr bei der Sache. Dieser Vorgang wird vom Kind aber nicht bewusst gesteuert und ist auch nicht immer gleich. Manchmal kann das Kind sogar sehr aufmerksam sein, dies ist aber nur ein Zufallsprodukt und vom Kind nicht bewusst ausgeführt.

Man kann den Zustand der zeitweisen Unaufmerksamkeit als ein Persönlichkeitsmerkmal dieser Kinder bezeichnen. Dieses Nicht-hinschauen-Können, bzw. Nicht-verweilen-Können, trägt sehr stark dazu bei, dass es zu schlechten Leistungen kommt. Hier soll also die Hilfestellung einsetzen. Ein sehr wichtiger Schritt ist es, sich mit dem Kind über diese Tatsache der abschweifenden Gedanken ausführlich zu unterhalten. Man sollte ihm klarmachen, dass dieses Abschweifen Misserfolge bringt. Gelingt es aber, die Gedanken bei der Tätigkeit zu halten, sodass Denken und Handeln gleichzeitig stattfinden, gibt es bereits Verbesserungen. Dieses Bewusstsein, so hat man beobachtet, hilft vielen betroffenen Kindern schon einen Schritt weiter. Denn die Fehler, welche die Kinder machen, entstehen nicht aus dem „Nichtwissen", sondern aus der Tatsache heraus, dass in dem Moment des Rechnens die gewünschte Leistung aus den erwähnten Gründen nicht erbracht werden kann.

Das wiederholende Gespräch über diese Thematik ist also von Nutzen. Zuerst wird das Kind die Problematik nicht verstehen. Man sollte dann aber nicht aufgeben, sondern immer wieder erklärend wirken. Mit der Zeit wird das Verstehen sichtbar. Es ist wichtig, das Kind auch zu ermutigen, den bewussten Zustand der Aufmerksamkeit immer wieder zu versuchen. Niemals wird es von alleine und schnell vonstattengehen! Wenn man bemerkt, dass das Kind mit den Gedanken bei der Rechenoperation ist und gute Leistungen bringt, so ist es sehr, sehr wichtig, es auf diese Tatsache hinzuweisen und zu ermutigen, diesen positiven Zustand der Aufmerksamkeit beim nächsten Rechenvorgang wieder bewusst herbeizuführen.

Es ist notwendig, dass das Kind seine „alten" Vorgangsweisen ablegt, dann werden sich schon die ersten Erfolge zeigen. Es ist auch von großer Bedeutung, dem Kind klarzumachen, dass das bewusste Herholen der Gedanken und das Verbleiben bei der Thematik ein Schritt ist, der immer wieder geübt und praktiziert werden muss, damit er schließlich zu einer Selbstverständlichkeit und dauerhaft wird. Man könnte in diesem Zusammenhang auch von einer „Automation" sprechen, oder wie es sprichwörtlich heißt: „Es muss in Fleisch und Blut übergehen".

Unterstützen kann man das Kind auch mit sogenannten Aufmerksamkeitssteigerungsübungen. Diese stellen zwar nur ein Hilfsmittel dar, aber bei manchen, nicht bei allen Kindern kann man eine gute Wirkung erzielen. Es gibt unzählige Möglichkeiten, die Aufmerksamkeit eines Kindes mit Übungen zu steigern. Angefangen bei Übungen aus dem Autogenen Training bis hin zu Dennisons Brain Gym ist jede Übung natürlich nur so gut, wie sie beim jeweiligen Kind wirkt. Manche Kinder lieben es auch, durch eine beruhigende Musik in den Zustand der Aufmerksamkeit versetzt zu werden. Andere wieder lieben sogenannte Fantasiereisen.

Alternativmedizinische Therapien mit Homöopathie oder Bachblüten tun manchmal auch ihre Wirkung. Man sollte diese Ansätze aber nicht als der Weisheit letzten Schluss betrachten und sich nur auf ihre Wirkung verlassen, denn dann ist das Kind wirklich verlassen. Die folgenden Übungen sind Standardübungen und können bei Bedarf mit dem Kind gemacht werden, oder nachdem es die Übung erlernt hat, macht das Kind diese auch alleine. Sie wurden deshalb ausgesucht, weil sie erfahrungsgemäß gut wirken. Im Buch „Legasthenie - Training nach der AFS-Methode" findet man zahlreiche Anregungen für die Steigerung der Aufmerksamkeit.

Übung: Hände zusammenführen

Man sitzt ganz entspannt in bequemer Sitzhaltung in einem Sessel, auch auf dem Boden, in bequemer Sitzhaltung oder man lehnt sich ganz entspannt an die Wand. Die Arme hängen seitlich hinunter. Dann hebt man beide Hände in Brustkorbhöhe hoch, spreizt die Finger auseinander und führt beide Hände zusammen. Ganz bewusst spürt man das Aufeinandertreffen der Finger. Nun schließt man die Augen und denkt ganz stark an die Fingerspitzen, die sich berühren. Man spürt das Pulsieren der Fingerspitzen. Nun verweilt man einige Sekunden in diesem Zustand. Dann werden die Augen geöffnet und die Hände werden wieder in die Ausgangsposition gebracht. Die Übung ist nun beendet.

Übung: Nasenatmung

Man sitzt ganz entspannt in bequemer Sitzhaltung in einem Sessel, auch auf dem Boden, in bequemer Sitzhaltung oder man lehnt sich ganz entspannt an die Wand. Die Hände befinden sich auf den Oberschenkeln. Nun werden die Augen geschlossen. Ganz bewusst atmet man durch die Nase. Man spürt die Luft, wie sie aus der Nase entweicht und wie sie wieder eingezogen wird. So verharrt man etwa zehn Atemzüge lang. Die Augen werden wieder geöffnet. Die Übung ist nun beendet.

Übung: Offene Hand

Man sitzt ganz entspannt in bequemer Sitzhaltung in einem Sessel, auch auf dem Boden, in bequemer Sitzhaltung oder man lehnt sich ganz entspannt an die Wand. Die Arme hängen seitlich hinunter. Dann hebt man beide Hände in Brustkorbhöhe hoch und ballt die Hände zur Faust, indem man sich sagt: „offene Hand". Man ballt die Hände noch fester zusammen und sagt wieder leise oder unhörbar „offene Hand". Dann werden die Augen geschlossen. Die Hände sind noch immer zusammengeballt. Jetzt atmet man ganz tief ein, hält für einige Sekunden den Atem an und atmet dann schnell aus, dabei werden die Hände geöffnet. Man verharrt noch einige Sekunden ganz ruhig. Die Übung ist nun beendet.

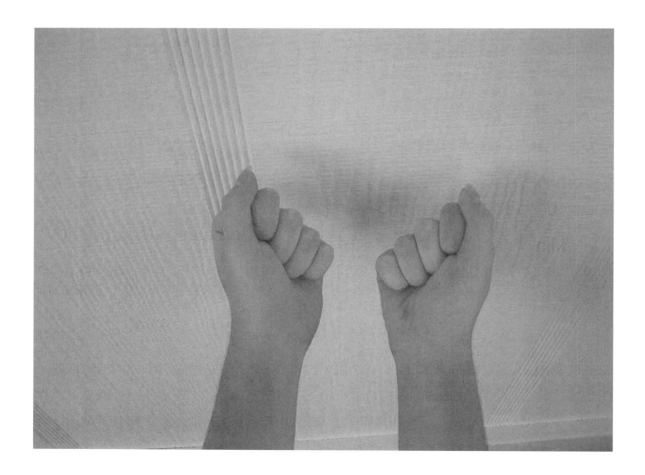

Funktionstraining

Ein nicht zu unterschätzendes und wichtiges Gebiet für ein Kind mit einer Dyskalkulie ist das Training der betroffenen Sinneswahrnehmungen. Vor Beginn der Förderung müssen die betroffenen Funktionen, auch Teilleistungen genannt, festgestellt werden. Ein Training, welches ohne die Verbesserung der differenten Sinneswahrnehmungen stattfindet, wird sich unnötigerweise unendlich in die Länge ziehen! Ein wesentlicher Faktor, welcher den Zustand des Kindes verursacht, würde außer Acht gelassen werden.

Folgende Bereiche können beim Kind betroffen sein:

- **Optische Differenzierung** - das Erkennen der verschiedenen Zahlen

- **Optisches Gedächtnis** - das Merken der verschiedenen Zahlen über einen längeren Zeitraum

- **Optische Serialität** - das Erkennen, in welcher Reihenfolge Zahlen geschrieben sind

- **Akustische Differenzierung** - das Unterscheiden von ähnlich klingenden Zahlen und Zahlenkombinationen

- **Akustisches Gedächtnis** - das Merken von gesprochenen Zahlen und Zahlenkombinationen

- **Akustische Serialität** - das Erkennen, in welcher Reihenfolge Zahlen gesprochen worden sind

- **Raumorientierung** - das Erkennen und Begreifen von Zahlenräumen, Größen, Abständen, Mengen, Maßen, Massen, Lage etc.

- **Körperschema** - die Orientierung am eigenen Körper ist eine wichtige Voraussetzung dafür, Rechenoperationen durchführen zu können.

Durch das pädagogische AFS-Computertestverfahren sollen vor Beginn der Förderung die differenten Sinneswahrnehmungen oder Teilleistungen festgestellt werden. Sodann ist mit einem gezielten Training zu beginnen. Wichtig ist Folgendes: Es sollen nicht alle betroffenen Funktionen parallel trainiert werden, wenn mehr als zwei betroffen sind. Es werden Schwerpunkte gesetzt, wobei auf die jeweilige Belastbarkeit des Kindes Rücksicht genommen werden muss.

Ausführliche, zusätzliche Trainingsanleitungen zu den verschiedenen Gebieten findet man im Buch: „Legasthenie - Training nach der AFS-Methode", in der 5. Auflage erschienen 2017 ebenfalls im EÖDL-Verlag. Das Training an den Funktionen ist als ein Teil, als ein sehr wichtiger Teil der AFS-Methode zu sehen, aber nur in Kombination mit dem Aufmerksamkeits- und Symptomtraining führt es zu einer Verbesserung der Rechenleistung.

Grundsätze mathematischer Didaktik bei Rechenschwierigkeiten

Mathematik wird als anwendungsorientierte Wissenschaft bezeichnet. Ihre Inhalte dienen der Lösung alltäglicher praktischer Probleme. Deshalb sollte der Mathematikunterricht grundsätzlich auch alltägliche Situationen beinhalten, damit bei den Kindern ein umfangreiches Verständnis für mathematische Vorgänge entsteht. Gerade Kindern mit einem schwierigeren Zugang zur Gesamtthematik kommt diese Vorgehensweise sehr entgegen.

Der Mathematikunterricht sollte die frühen Alltagserfahrungen der Kinder aufgreifen, sie vertiefen und erweitern. Daraus entwickeln sich grundlegende mathematische Kompetenzen und die Auseinandersetzung mit mathematischen Anforderungen, die das tägliche Leben mit sich bringt und so eine Anwendungsorientierung hervorruft.

Die Mathematikdidaktik in der Grundschule wird vor allem zum Ziel haben, ein gutes Basiswissen zu vermitteln, also elementare mathematische Fähigkeiten und Techniken, auf denen man aufbauen kann. Diese beinhalten Grundkenntnisse über Ziffern, Zahlen, Formen und Größen sowie Fähigkeiten zum Lösen mathematischer Probleme. Ein weiteres Ziel sollte es sein, den Kindern Zusammenhänge näherzubringen, damit sie die verschiedenen Gebiete der Mathematik bewusst verbinden lernen.

Für einen erfolgreichen Mathematikunterricht ist es von großer Bedeutung, dass man den Kindern ermöglicht, sich einen Überblick über mathematische Strukturen und Zusammenhänge zu verschaffen. Rechenschwierigkeiten sind hauptsächlich darauf zurückzuführen, dass sich Defizite in einzelnen Bereichen einstellen, die dann weitere nach sich ziehen. Unter mathematisch-didaktischen Aspekten gesehen ist es daher für jene Kinder, welche beim Rechnen Probleme haben, von großer Relevanz, dass die Thematik Schritt für Schritt an sie herangetragen wird. Erst wenn ein Schritt ausreichend vertieft worden ist, sollte der nächste getan werden.

So kann z.B. das Erlernen der Addition und der Subtraktion erst erfolgen, nachdem ausgiebige Orientierungsübungen im Zahlenraum stattgefunden haben und ein ausreichendes Operationsverständnis, ein Zahlenbegriff, eine Zahlvorstellung, eine Zählfähigkeit, ein Mengenbegriff, eine Zahlbeziehung etc. vorhanden sind.

Es ist notwendig, dass eine Neuorientierung im Mathematikunterricht stattfindet, wenn man jenen Kindern, die einen anderen Zugang zum Rechnen haben, erfolgreich helfen möchte. Ergänzende Aufgabenstellungen, die über das alleinige Rechnenüben hinausgehen, müssen angeboten werden. Ein entdeckendes Lernen mit beziehungsreichen Aufgaben garantiert einen konstruktiven Prozess.
Die Lerninhalte sollten so dargelegt werden, dass die Kinder die Möglichkeit haben, diese aktiv zu erleben. Mathematische Begriffe und Operationen sollen durch Anschauungsmaterial dargestellt werden und mathematische Symbole sollen ausreichend und vertiefend erarbeitet werden. Dabei nimmt die Sprache einen hohen Stellenwert ein.

Es ist auch grundsätzlich wichtig, über die Notwendigkeit von mathematischen Fähigkeiten im alltäglichen Leben zu sprechen. Das Kind sollte verstehen, dass mathematische Aufgaben es ein Leben lang begleiten werden, weshalb eine ausreichende Kenntnis notwendig ist. Wird ein Verständnis für die Mathematik und eine Sicherheit im Umgang mit Ziffern, Zahlen und Rechenoperationen erreicht, dann ist auf jeden Fall der Grundstein dafür gelegt, dass man sich mit mathematischen Problemen auseinandersetzen kann.

Nur wenn es möglich ist, Individualität in das mathematische Lernen zu bringen, werden auch Kinder mit Rechenschwierigkeiten das Rechnen ausreichend erlernen können. Eine positive Einstellung zum Mathematiklernen erleichtert auch, die Hürden zu überwinden, vor denen Kinder mit Rechenschwierigkeiten stehen.

Wenn es gelingt, den Kindern ein Selbstvertrauen in die eigenen mathematischen Fähigkeiten zu vermitteln, wird nicht nur die Motivation ansteigen, sondern es werden auch das Interesse und die Ausdauer in der Auseinandersetzung mit mathematischen Prozessen zunehmen.

Symptomtraining

Das ist der Bereich, in dem an dem grundsätzlichen Verständnis von Rechenvorgängen, Zahlenraumvorstellungen und natürlich auch an den individuellen Fehlern, welche Kinder mit einer Dyskalkulie machen, gearbeitet wird. Denn auch für den mathematischen Bereich, nicht nur für das Schreiben und Lesen, gilt die Devise: „Übung macht den Meister!" Jedes Kind muss, um rechnen zu können, das Rechnen auch üben. Das trifft besonders auf ein Kind mit Problemen im mathematischen Bereich zu. Eine vermehrte Übung wird unumgänglich sein. Das Training erfolgt in Schritten. Jeder dieser Schritte muss ausreichend erfasst und gespeichert werden!

Zuerst muss man aber Voraussetzungen schaffen, die das Kind dazu bewegen, nicht den Mut zu verlieren oder gar aufzugeben. Wichtig ist, dass das Kind in seinen Eigenheiten belassen wird: egal, ob das Kind nun ein eher langsamer Rechner ist oder seine Probleme deshalb entstehen, weil es sich zu schnell und oberflächlich dem Mathematikbereich nähert. Hier sollten keine zwanghaften Veränderungen durch Erwachsene, seien es Eltern oder Lehrer, passieren.

Kinder haben eine innere Uhr, deren Änderung Gefahren mit sich bringt. Es ist noch ein Leichteres, den schnellen oberflächlichen Typ dazu zu bewegen, sich intensiver mit der Materie zu beschäftigen. Der Langsame wird, sollte man ihn drängen, seine Tätigkeiten zu forcieren, erfahrungsgemäß mit psychosomatischen bis hin zu psychopathologischen Zuständen reagieren. Es gibt Kinder, die im langsamen Tempo die Rechenvorgänge hervorragend beherrschen, wenn sie aber zum „Schnellrechnen" angehalten werden und wenn auf sie ein Zeitdruck ausgeübt wird, reagieren sie äußerst schlecht. Das heißt, man sollte das Kind genau beobachten und die Erkenntnisse in der Praxis umsetzen. Es hat absolut keinen Sinn, Kinder zum sogenannten „Schnellrechnen" zu zwingen.

Ob ein Kind diese Technik beherrscht oder nicht, sagt nichts über seine sonstigen Rechenleistungen aus. In vielen Fällen hat aber diese Anforderung dazu geführt, dass bei Kindern, die bis dato keine Probleme im Rechenbereich hatten, diese massiv aufgetreten sind und fälschlicherweise plötzlich eine auftretende Dyskalkulie vermutet wurde.

Das „Fingerrechnen" ist auch ein wichtiger Faktor, über den man unbedingt Bescheid wissen sollte. Viele Kinder, nicht nur Kinder mit einer Dyskalkulie, rechnen lange Zeit mit Hilfe ihrer zehn Finger. Es gibt mehr Erwachsene als man annehmen würde, welche diese Angewohnheit ihr ganzes Leben nie ablegen. Darüber spricht man natürlich nicht! Nun ist dies nicht wirklich ein Problem! Es gibt auch keinen effektiven Grund, warum man das „Fingerrechnen" als Eltern oder Lehrer verhindern sollte. Es ist nichts anderes als ein bildliches Hilfsmittel, welches manche Menschen dringend benötigen, um Rechenoperationen durchzuführen. Manche Kinder, die sich in den ersten Schuljahren so behelfen, hören von ganz alleine damit auf, sich dieses Hilfsmittels zu bedienen, wenn sie es nicht mehr nötig haben.

Wie schon erwähnt, gibt es eine Gruppe, die auf diese Hilfestellung nicht verzichten kann. Keinesfalls sollten diese Menschen zu einem Verzicht gezwungen werden. Es hat sich gezeigt, dass sich durch ein gewaltsames Unterbinden dieser Hilfestellung eindeutige Verschlechterungen in der Rechenleistung ergeben haben. Für viele Kinder bedeutet es einen gewissen Sicherheitsfaktor. Wird dieser genommen, so ist dies absolut kein Vorteil für das Kind. Überlegungen sollte man auch darüber anstellen, warum unserem Zahlensystem der Zehnerschritt zugrundeliegt. Es ist wirklich kein Zufall! Es hat sich so ergeben, weil der Mensch zehn Finger besitzt. So hat auch das Fingerrechnen seine Berechtigung. Ein wichtiger Schritt des Zahlenraumverständnisses kann dadurch erreicht werden. Die Überschreitung des Zehnerschrittes im ersten Schuljahr ist ein wesentlicher Faktor für das Begreifen und die Verarbeitung des Hunderterschrittes, des Tausenderschrittes usw.

Der erste Schritt -
Das Erarbeiten der Zahlensymbole

Ein grundlegender Schritt muss getan werden, bevor man sich mit tatsächlichen Rechenvorgängen befasst. Ein Grundverständnis für die Zahlensymbole ist oftmals das Geheimnis zum Erfolg. Für jemanden, der nie Schwierigkeiten mit diesen Symbolen gehabt hat, ist es schier unverständlich, dass es Menschen gibt, die sich diese „einfachen" Zahlensymbole nicht merken können. Es sind tatsächlich nur zehn Symbole, aus denen sich sämtliche Zahlen der vier Grundrechenarten ableiten lassen. Und doch kommt es, zwar selten, aber doch vor.

0 1 2 3 4 5 6
7 8 9

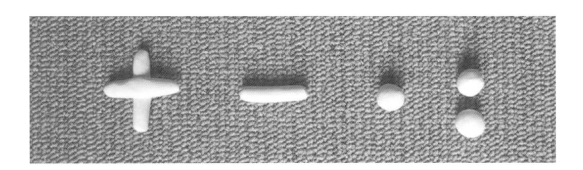

Man könnte von einer Art Zahlenallergie sprechen, um dieses Phänomen richtig beschreiben zu können. Damit würde man den Zustand eines Kindes mit Dyskalkulie einigermaßen begreiflich machen. Das Kind hat eine unbewusste Abneigung gegen die Zahlensymbole entwickelt, weil es intuitiv gemerkt hat, dass es mit diesen Zeichen wenig bis gar nichts anfangen kann. Nun ist das Kind mit einer Rechenproblematik nicht im Geringsten dumm oder schwerfällig. Es merkt sehr deutlich, dass die anderen Kinder die Anforderungen, sprich Zahlen zu erlernen, mit einer Leichtigkeit schaffen, und fragt sich schließlich, warum es ihm nicht oder nur schlecht gelingt.

Diese Vorgänge können natürlich dazu führen, dass es zu psychischen Reaktionen kommt. Am Schluss steht die Verweigerung oder Schlimmeres. Doch zu einer sekundären Neurotisierung darf man es erst gar nicht kommen lassen. Seien Sie als Eltern oder Lehrer hellhörig und gehen Sie mit offenen Augen durch den Schulalltag. Vermeiden Sie es jedoch, bei ersten Anzeichen daraus ein Drama zu machen. Bewährt hat sich, einen kühlen Kopf zu bewahren und gezielt zu handeln. Vermeiden Sie es aber auch, Warnzeichen zu ignorieren. Nur weil man es nicht wahrhaben will, ein Kind mit einer Dyskalkulie zu haben, vergeht sie leider auch nicht.

Eine ausreichende Motivation des Kindes ist wichtig, und jeder noch so geringe Fortschritt muss übermäßig belobigt werden! Lob ist alles! Es ist nicht immer leicht für den Erwachsenen, der mit dem Kind arbeitet, die Geduld aufzubringen, die notwendig ist, um bei einem Kind mit Dyskalkulie Licht ins Dunkel zu bringen. Viele Lehrer und Eltern verzweifeln dabei. Wem aber von vornherein bewusst ist, dass ein Kind mit einer Dyskalkulie viel, viel länger braucht, um erst einmal die Zahlen und dann die Rechenoperationen zu realisieren, ist schon gut gewappnet. Denn der Zeitfaktor ist ein wesentliches Element, das zum Erfolg führt. Wird dieser dem Kind nicht eingeräumt, so steht es früher oder später sehr schlecht um den Erfolg.

Zahlen zu erlernen, vertiefend zu erlernen, und diese jederzeit wiederzuerkennen ist der erste Schritt, der ausreichend getan werden muss. Ohne diese Grundvoraussetzung ist kein Erfolg zu erwarten! Es soll erreicht werden, dass eine Automatisierung im Umgang mit Zahlen erfolgt. Ideal wäre es, ist aber praktisch meist nicht durchführbar, wenn das Erlernen der Zahlensymbole gelänge, bevor man mit den ersten Rechenoperationen beginnt.

Das Zahlenerlernen und diese auch auf Dauer zu behalten, soll auf unterschiedliche Arten geschehen. Hierfür sind verschiedene Vorgänge unbedingt notwendig. Die dreidimensionale Darstellung von Zahlen, die auf verschiedene Arten erfolgen kann, ist nur eine davon.

Natürlich ist nicht nur das Zahlenerlernen wichtig, sondern auch das Erlernen und das Verstehen der Rechensymbole Plus (+), Minus (-), des Multiplikationszeichens (·) und des Divisionszeichens (:) sind von großer Bedeutung. Während die Zahlen schon gut erlernt sein sollten, bevor man mit den Rechenoperationen beginnt, können die Rechensymbole, welche die jeweilige Rechenart bezeichnen, erst mit dem Erlernen dieser erklärt werden. Man sollte versuchen, dem Kind auf einfache Weise die Bedeutung der Rechensymbole beizubringen, damit die Kinder den Schritt vom abstrakten Zeichen hin zur praktischen Bedeutung machen. Es hat sich gezeigt, dass auch hier die Darstellung, also das Bildlichmachen von großem Vorteil ist.

Übung:

Formen mit Knetmasse oder Teig, Herstellung von Zahlen mit anderen Materialien wie Sprühsahne, Pfeifenputzern, Moosgummi, Wolle, Spagat, Legosteinen u.a. und wiederholtes Benennen von verschiedenen Zahlensymbolen. Wichtig ist dabei, dass man langsam, also Schritt für Schritt, die Anzahl der zu erlernenden zehn Symbole erhöht. Es sollte aber vorerst die Reihenfolge 1, 2, 3 ... eingehalten werden. Erst wenn eine gewisse Sicherheit erreicht ist, kann durcheinandergemischt werden.

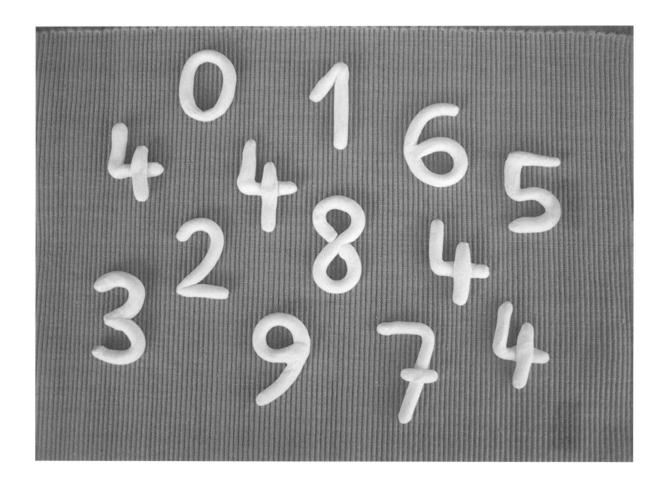

Übung:

Eine Menge von Zahlen, von jeder Zahl mehrere, liegt auf dem Tisch. Man kann diese Übung zu zweit oder mit mehreren Kindern machen. Der Trainer benennt eine Zahl, bestimmt ein Kind und zählt langsam und leise bis zehn. Das Kind soll versuchen, so viele Zahlen wie möglich an sich zu nehmen. Die Anzahl der entnommenen Zahlen wird vom Kind gezählt und der Trainer vermerkt sie. Die Zahlen werden wieder zur Menge gegeben. Diese Übung ist auch als Funktionsübung für die optische Differenzierung durchzuführen.

Übung:

Der Trainer gibt eine Zahlenreihe vor, z.B. 4061, und das Kind soll diese Reihe fortführen. Die Anzahl der Ziffern kann von Übung zu Übung gesteigert werden. Diese Übung ist auch als Funktionsübung für die optische Serialität durchzuführen.

Übung:

Der Trainer legt dem Kind eine Zahlenreihe vor, z.B. 33 oder 123. Das Kind darf diese Zahlenkombination einige Sekunden betrachten, dann wird sie zugedeckt. Das Kind soll diese aus dem Gedächtnis nachlegen. Diese Übung ist auch als Funktionsübung für das optische Gedächtnis durchzuführen.

Übung:

Der Trainer flüstert dem Kind eine Zahl ins Ohr, das Kind flüstert die Zahl dem Trainer zurück in sein Ohr. Diese Übung ist auch als Funktionsübung für die akustische Differenzierung durchzuführen.

Übung:

Der Trainer nennt nacheinander zwei Zahlen, und das Kind muss diese nachsprechen. Die Anzahl kann beliebig erhöht werden. Die Übung ist auch als Funktionsübung für das akustische Gedächtnis durchzuführen.

Übung:

Der Trainer nimmt aus einer Menge von Zahlen eine heraus, und das Kind benennt die Nachbarn, aufsteigend von klein zu groß oder absteigend von groß zu klein, oder es nimmt diese aus der Menge und legt sie dazu. Diese Übung ist auch als Funktionsübung für die akustische oder optische Serialität durchzuführen.

Übung:

Der Trainer benennt eine oder mehrere Zahlen. Aus einer großen Menge von Zahlen wird vom Kind immer wieder eine bestimmte Anzahl von den genannten Zahlen herausgesucht. Diese Übung ist auch als Funktionsübung für das akustische Differenzieren und die Raumwahrnehmung durchzuführen.

Übung:

Eine Menge von Zahlen wird auf den Tisch gelegt. Der Trainer benennt eine Zahl. Mit verbundenen Augen versucht das Kind nun, einige dieser genannten Zahl zu ertasten und auf die Seite zu legen. Anschließend wird die Anzahl festgestellt.

Übung:

Der Trainer schreibt eine Zahl auf den Rücken des Kindes, dieses soll erkennen, welche es war, und sie benennen. Der nächste Schwierigkeitsgrad ist dann das Erkennen von Zahlenkombinationen.

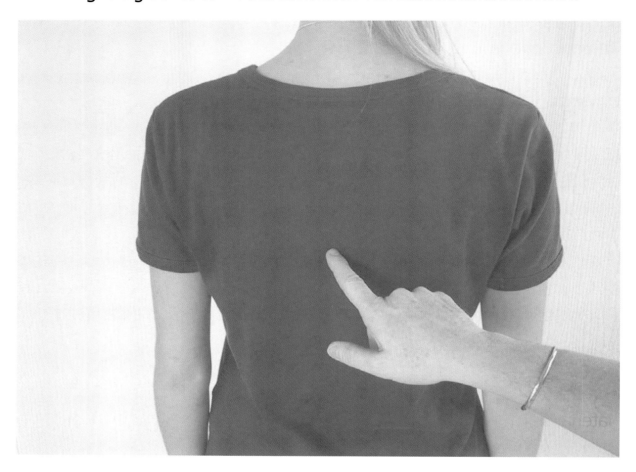

Übung:

Der Trainer schreibt eine Zahl in die Luft, und das Kind schreibt diese nach und benennt die Zahl.

Übung:

Der Trainer schreibt gemeinsam mit dem Kind Zahlen in den Sand, in den Schnee etc.

Übung:

Der Trainer schreibt gemeinsam mit dem Kind Zahlen in die Luft.

Der zweite Schritt - Das Zählen

„Der Zählvorgang ist der Grundsatz jeder mathematischen Operation." Dieser Leitsatz bewahrheitet sich spätestens dann, wenn man Kindern mit einer Dyskalkulie Grundrechenarten abverlangt. Ist der Schritt des Zählens nicht ausgiebig vollzogen, wird diese Herausforderung nicht erfolgreich verlaufen.

Es ist darauf zu achten, dass das Zählen im Rahmen des geforderten Zahlenraumes stattfindet. Ein lediglich Auswendigsagen der Zahlenfolge ist noch kein Zeichen dafür, dass das Kind die Bedeutung verstanden hat.

Auch beim Zählen steht das Bildlichmachen im Vordergrund. Man sollte stets das Sprechen durch Anschauungsmaterial unterstützen. Dazu sind Materialien aller Art wie Knöpfe, Zuckerwürfel, Bonbons, Zündhölzer, Holzkugeln, Holzbplättchen, usw. zu gebrauchen. Die Gegenstände sollen nur das gleiche Aussehen haben, unterschiedliche Materialien sollte man nicht verwenden.

Übung:

Der Trainer gibt dem Kind aus einer Menge eine Anzahl von Holzplättchen hin, diese werden gezählt. Die Holzplättchen werden wieder zur Menge gegeben. Der Vorgang wiederholt sich beliebig oft. Die Übung kann erweitert werden, indem man Mengenhäufchen (z.B. eine Menge aus fünf Plättchen und noch eine Menge aus fünf Plättchen usw.) macht und dann abzählt.

Übung:

Der Trainer oder die Eltern sollten mit dem Kind alle möglichen Dinge des täglichen Lebens zählen. Die Aufgabenstellung kann z.B. durch die Frage: „Wie viele Bilder hängen in diesem Raum an der Wand?" erfolgen. Besonders eignet sich dafür auch Geld.

Übung:

Der Trainer braucht eine Menge von Kugeln, die sich in einem Rechenbrett befinden. Für diese Übung kann es auch ein anderer Behälter sein. Nun nimmt er eine beliebige Anzahl, aber nicht mehr als fünf Kugeln, heraus und gibt sie dem Kind zum Abzählen. Sobald das Kind die Kugeln abgezählt hat, bekommt es wieder Kugeln dazu. Wichtig ist, dass der Zählvorgang immer wieder für alle (!) Kugeln von vorne beginnt.

Der Vorgang soll sich so lange wiederholen, bis das Kind selbst die Kugeln in Mengen einteilt. Das passiert zumeist nicht beim ersten Mal, wenn man diese Übung durchführt. Wenn das Kind nach oftmaliger Übung die Mengeneinteilung nicht vornimmt, kann der Trainer es natürlich dazu anregen.

Sobald der Schritt der Mengenabgrenzung durch das Kind vollzogen ist, ist auch schon ein gewisses Verständnis für Mengen entstanden. Wie schon erwähnt, ist dies ein sehr wichtiger Moment und die Voraussetzung für das Rechnen der vier Grundrechenarten.

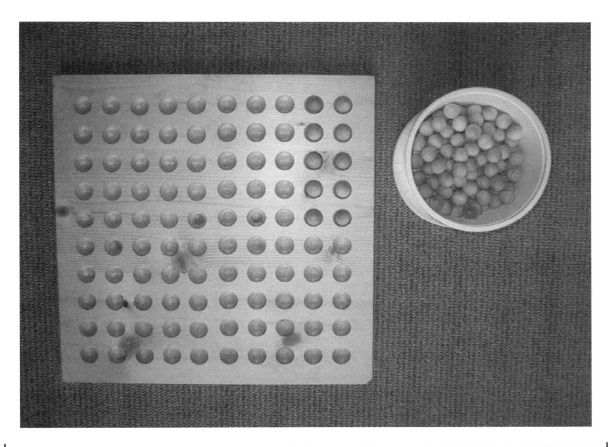

Der dritte Schritt - Symbol und Menge

 Bevor man aber zu den Grundrechenarten kommt, ist noch ein Schritt zu tun, der bei den verschiedenen Rechenvorgängen aber grundsätzlich immer wieder angewendet werden soll. Gerade das mehrmals wiederholte Bildlichmachen der Rechenvorgänge ist für das Kind mit einer Dyskalkulie eine wichtige Hilfe und der Weg zu einem sicheren und dauerhaften Erfolg beim Rechnen.

Die Vorstellung, dass eine Zahl eine Menge repräsentiert, ist schwach oder gar nicht vorhanden und für diese besonderen Kinder schwer begreiflich. Man muss sich als Nichtbetroffener gerade in dieser Hinsicht immer wieder diese Tatsache vor Augen führen, um nicht zu verzweifeln. Man sollte auch versuchen, sich ein wenig in die Denkweise der Kinder hineinzuversetzen.

Grundsätzlich wird dem Kind erklärt und gezeigt, dass jedes Zahlensymbol eine Menge von etwas ist. Rechenvorgänge alleine in Zahlen zu erklären ist für ein Kind mit einer Dyskalkulie nicht zu begreifen, ebenso wenig die alleinige Darstellung der Rechenvorgänge in Gegenständen. Erfolgt die Erklärung aber mit Symbol und Menge, wird dem Kind diese „Anschaulichkeit" sehr entgegenkommen und beim vertiefenden Lernen helfen.

Übung:

In einer Menge von Zahlen befindet sich eine Anzahl von Kugeln, das Kind soll das dazugehörige Zahlensymbol heraussuchen.

Übung:

Auf der einen Seite haben wir eine Anzahl von Kugeln oder Holzplättchen, auf der anderen Seite haben wir die Zahlen aus Knetmasse geformt. Nun legt der Trainer eine Anzahl vor dem Kind auf. Das Kind soll die Anzahl der Kugeln oder Plättchen ohne Abzählen erfassen und sehr schnell die Zahl zu der Menge legen, zu der sie gehört.

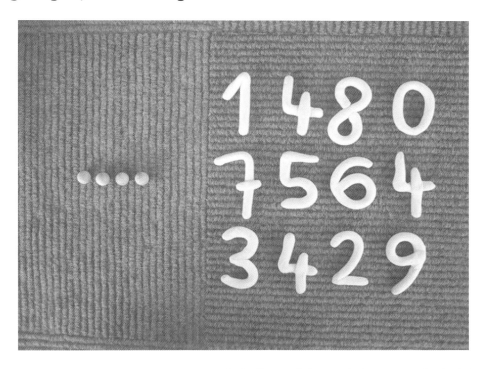

Übung:

Die gleiche Übung wie oben wird mit einer Anzahl von Plättchen gemacht, die das Kind optisch nicht mehr erfassen kann. Es soll die Plättchen zuerst abzählen und dann die zusammengesetzte Zahl dazulegen. Bei dieser Übung muss aber der Zehnerschritt schon vonstattengegangen sein.

Sobald es dem Kind immer wieder gelingt, ohne zu zögern und ohne eine Unsicherheit zu zeigen, die Anzahl der Plättchen in Zahlen auszudrücken, ist wieder ein wichtiger Schritt vollzogen worden. Die Erkenntnis, dass eine Zahl eine bestimmte Anzahl ausdrückt, ist nun erreicht. Damit dies gelingt, sind oftmals sehr, sehr viele Übungen und ein ständiges Wiederholen notwendig.

Die vier Grundrechenarten

Das Addieren - Mengen werden größer

Aus dem Zählvorgang heraus entwickelt sich das Addieren oder Zusammenzählen. Jemand hat einmal gesagt: „Addieren ist nur das Zählen für faule Leute!" Dieser Ausspruch ist doch sehr treffend. Wenn das Kind addiert, muss es erkennen, dass man verschiedene Mengen, die durch Zahlen ausgedrückt werden, zusammenfügen kann und dass dadurch eine neue Menge entsteht. Es ist sehr wichtig, dass dem Kind immer wieder praktische Rechenvorgänge gezeigt werden, z.B.: „Martin hat drei Äpfel, er holt noch zwei vom Baum, wie viele hat er nun?"

Auch hier soll vom Grundsatz der plastischen Darstellung von Menge und zusätzlichem Symbol so lange nicht abgegangen werden, bis das Kind die Zusammenhänge erkannt und verstanden hat. Dabei ist ein regelmäßiges, aber kurz andauerndes Üben, je nach Alter des Kindes von 5 Minuten aufwärts, ratsam. Vor allem bei der Hausaufgabe ist es notwendig, dass man diesem Grundsatz folgt. Natürlich darf nicht ein ewig andauerndes und ausschließliches Klammern an die plastische Darstellung forciert werden. Das langsame Übergehen in die schriftliche Form hat früher oder später zu erfolgen. Bei vielen Kindern kann man beobachten, dass sie von alleine davon weggehen, sobald sie die Bildlichkeit nicht mehr brauchen, nun den abstrakten Weg erfasst haben und beschreiten. Allerdings erfolgt der Schritt bei manchen Kindern mit einer Dyskalkulie nie zur Gänze. So manche dieser Menschen werden ihr Leben lang die Finger als Stütze beim Rechnen benützen. In der Schule besteht für den Lehrer nur manchmal die Möglichkeit der bildlichen Darstellung. Jede Rechnung, die das Kind in das Hausübungsheft schreibt, sollte zuerst bildlich dargestellt werden! Das bedeutet natürlich eine Menge Mehrarbeit für das Kind, doch hat sich gezeigt, dass man, wie man es auch dreht und wendet, darum nicht herumkommt. Deshalb sollte diese Art und Weise der Darstellung der Rechenoperationen zur Selbstverständlichkeit werden. Eine Portion Motivation muss deshalb vom Trainer oder demjenigen ausgehen, der mit dem Kind in dieser Weise arbeitet. Bitte erklären Sie dem Kind auch, warum es sich so die Vorgänge leichter merkt. Damit kann man bei den Kindern auf Verständnis treffen.

Bewährt hat sich auch die Erarbeitung der vier Grundrechenarten anhand von Flashcards wie z.B. mit dem Kartenspiel „Mathe4Matic", wo Zahlensymbole und Mengen auf den Karten abgebildet sind: **www.mathe4matic.com**

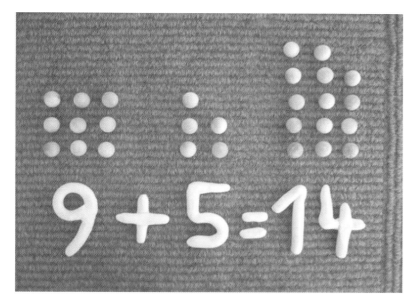

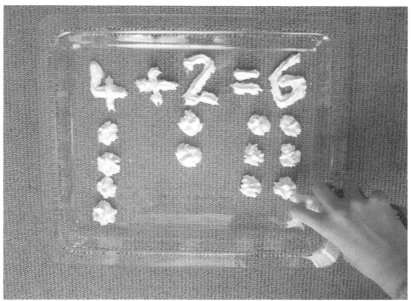

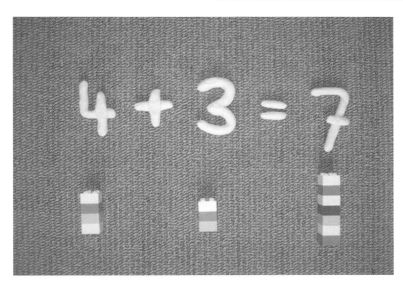

Das Subtrahieren - Mengen werden kleiner

Beim Subtrahieren passiert genau das Umgekehrte wie beim Addieren. Von einer Menge wird eine andere Menge weggenommen, übrig bleibt wieder eine Menge, die aber immer kleiner ist als die erste Menge. Jede Menge wird wieder mit einem Symbol ausgedrückt.

Auch bei diesem Rechenvorgang wird es notwendig sein, auf der Darstellung zu beharren, um dem Kind das Erkennen und Verstehen zu erleichtern. Genauso wie bei den Additionen wird bei den Subtraktionen mit Darstellung vorgegangen.

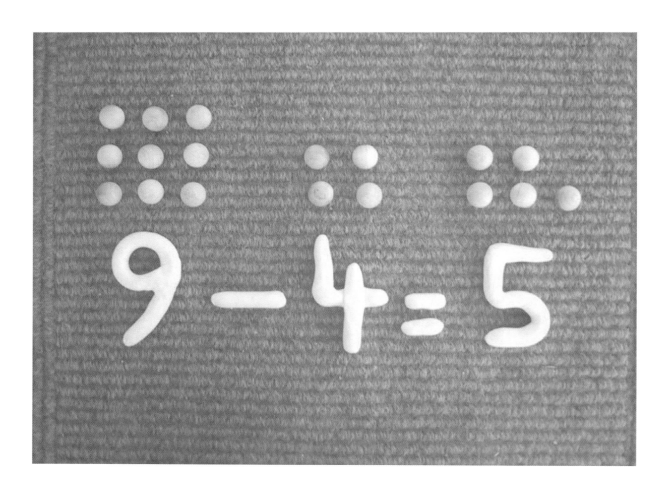

Das Multiplizieren

Das Erlernen des Einmaleins fällt Kindern, die eine Dyskalkulie haben, zumeist auch nicht leicht. Obwohl es Kinder gibt, die zwar mündlich das Einmaleins ganz gut beherrschen, steigen sie ganz aus, sobald es aber zum schriftlichen Rechnen kommt. Das hängt damit zusammen, dass das akustische Gedächtnis bei diesen Kindern als Teilleistung nicht betroffen ist und gut funktioniert. Sie merken sich das Einmaleins wie ein Gedicht und können sich die Rechenoperationen, die dahinterstecken, nicht vorstellen. Man muss sich bewusst sein, dass gerade das Einmaleins ein Rechenvorgang ist, der sich tatsächlich schwer durchschauen lässt. Ein oftmaliges Wiederholen ist unumgänglich, bevor das Kind die Zusammenhänge erkennen kann. Die Vorgänge müssen dem Kind wieder und wieder gezeigt werden. Zum besseren Verstehen führt auch die Darstellung der Multiplikation als Addition.

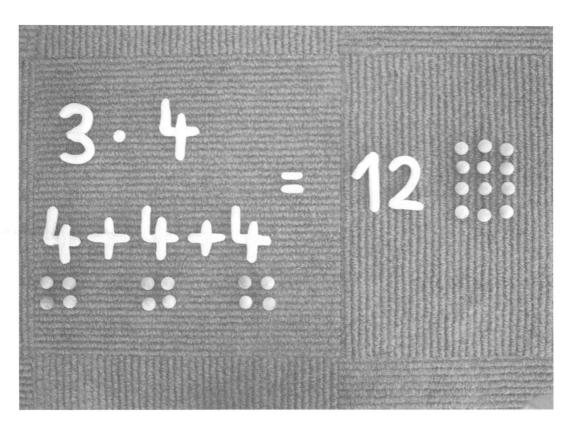

Das Dividieren

Die schwierigste Grundrechenart ist wohl das Dividieren. Die Vorstellung, dass eine Menge in einer anderen Menge mehrmals enthalten ist, ist für das Kind mit einer Dyskalkulie am schwierigsten nachzuvollziehen. Auch hier sind aber gute, wenn auch nicht schnelle Erfolge mit der Darstellung der Rechenoperation zu erzielen. Eine oftmalige Wiederholung ist auch erforderlich, wobei immer darauf geachtet werden soll, dass das Grundverständnis für das Rechensymbol (:) vorhanden ist.

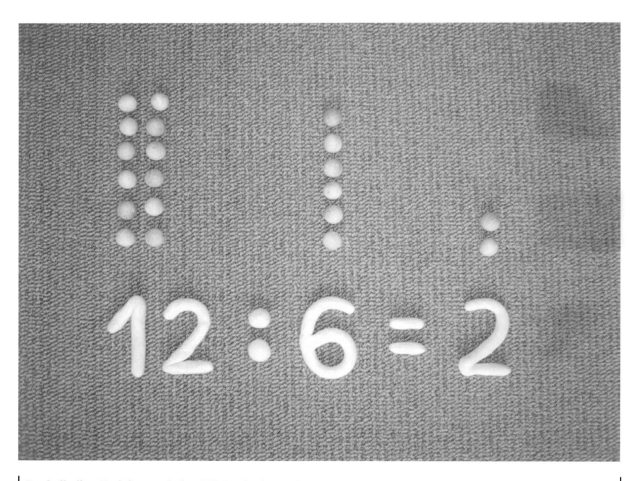

Was man beim Rechentraining noch beachten sollte

Die Rechenartsymbole

Kinder mit einer Dyskalkulie verfügen über sehr wenig Verständnis für Zahlen, aber auch, wie schon erwähnt, für die Symbole, welche die Rechenart bezeichnen.

Diese abstrakten Zeichen müssen deshalb immer wieder in das Gedächtnis der Kinder gebracht werden. Das kann natürlich auch spielerisch erfolgen. Durch das Angreifen begreifen, dies gilt auch in diesem Falle. Auch die Bedeutung soll immer wieder vom Kind beschrieben werden.

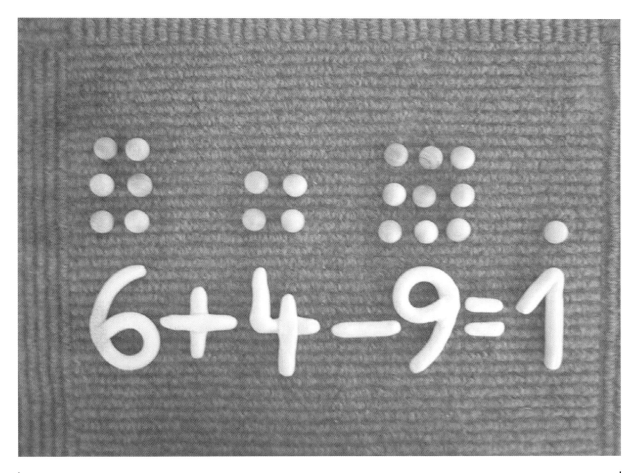

Übung:

Auf dem Tisch liegt eine Anzahl von Symbolen, welche die Rechenart bezeichnen. Das Kind soll nun mit verbundenen Augen eines ertasten und beschreiben, was für eine Bedeutung dieses Symbol hat bzw. welche Rechenoperation damit durchführbar ist.

Kombinierte Rechenoperationen

Ganz schöne Verwirrung stiften bei Kindern mit Dyskalkulie immer wieder zusammengesetzte Rechnungen, auch wenn sie sehr einfach sind. Treffen Plus und Minus zusammen, so ist zuerst mit dem Kind zu klären, wo es zu beginnen hat. Man sollte den Rechenablauf dem Kind ganz langsam zeigen und mehrmals wiederholen.

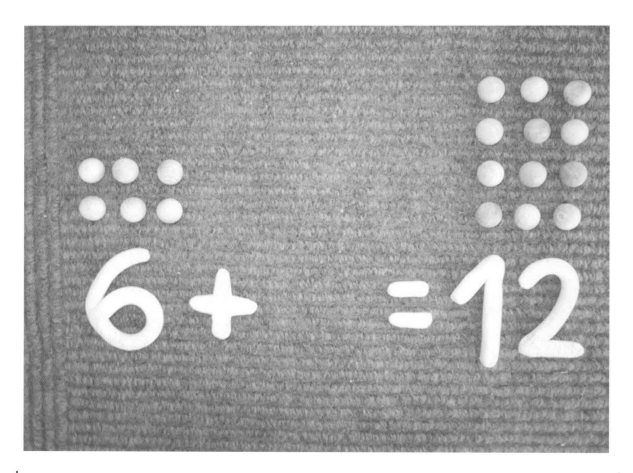

„Und oder weniger wieviel ist"-Rechnungen

Auch diese Art der Rechnung ist zuerst schwer zu durchschauen, kann aber durch genaue, langsame Erklärung und Demonstration und sehr viel Übung schließlich auch vom Kind mit einer Dyskalkulie erarbeitet und verstanden werden..

Insätzchen oder Malsätzchen

Sie sind eine beliebte Übung zur Festigung des Einmaleins. Wie oft ist eine Zahl in der anderen enthalten? Diese Vorstellung muss auch ausgiebig, anhand von vielen Beispielen, erarbeitet und gezeigt werden. Zum besseren Verständnis gelangt das Kind auch durch praktische Demonstrationen.

Geometrie

Geometrie ist eine Thematik für Kinder mit Dyskalkulie, die man leider nicht außer Acht lassen kann. Sie befasst sich in ihrer elementarsten Form mit zweidimensionalen, also ebenen Figuren und dreidimensionalen, also räumlichen Figuren. Sie beschäftigt sich aber auch mit der Berechnung von Längen, Flächen und Volumen von Körpern. Da zumeist das räumliche Verständnis, wie das räumliche Orientieren, die räumliche Vorstellung, das räumliche Denken überhaupt, bei Kindern mit einer Dyskalkulie schlecht bis gar nicht ausgebildet ist, wird hier eine grundlegende Hilfestellung notwendig. Auch hier gilt wieder der Grundsatz des Bildlichmachens der verschiedenen Aufgabenstellungen. Piaget betonte: „Die Entwicklung geometrischer Begriffe kann nur durch reale Handlungserfahrungen erfolgen." Nur so kann ein Verständnis dafür geschaffen und vertieft werden. Geometrie ist nur so lange abstrakt, solange man keine Beziehung zur Praxis schafft. Deshalb sollten möglichst viele praktische Beispiele dem Kind demonstriert werden.

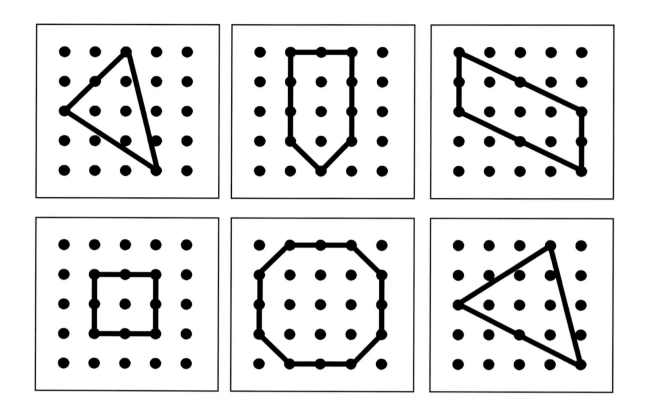

Übung:

Ein Geometriebrett wird hergestellt. Dazu benötigt man ein Brett von ca. 30 Zentimetern Seitenlänge, 25 Nägel und eine Schnur (siehe Zeichnung). Nun werden verschiedene geometrische Figuren mit der Schnur nach der Vorlage oben gespannt.

Übung:

Der Trainer nimmt einen Messbecher oder ein Litergefäß. Wie oft passt Wasser aus einem Viertellitergefäß in ein Litergefäß hinein? Zusätzlich kann man die Mengen auch grafisch darstellen.

Übung:

Bauen Sie einen Quader mit der Seitenlänge von 10 Zentimetern. Nehmen Sie eine leere Literflasche und demonstrieren Sie mit Sand oder Zucker, dass die Inhaltsmenge identisch ist.

Übung:

Besonders beliebt ist auch das Schütten mit Gefäßen und das Herausfinden, in welches Gefäß am meisten Flüssigkeit passt.

Übung:

Backen Sie mit dem Kind einen Kuchen, ohne dabei die Zutaten zu wiegen. Verwenden Sie nur einen Messbecher. Lassen Sie das Kind die Mengen bestimmen.

Übung:

Lassen Sie das Kind Gegenstände in einen Koffer oder eine Tasche packen, dabei lernt es, Größen abzuschätzen und anzuordnen.

Übung:

Wiegen Sie verschiedene kleine Gegenstände im Haushalt mit der Küchenwaage.

Übung:

Wiegen Sie das Kind auf der Personenwaage und lassen Sie es darüber Aufzeichnungen machen.

Übung:

Lassen Sie das Kind Gegenstände des Haushalts, die Körpergröße, die Größe der Füße oder den Halsumfang einer Person abmessen. Das Kind soll die Daten aufschreiben.

Sachaufgaben oder Textaufgaben

Diese Art von Rechenaufgaben bereitet sehr oft nicht nur Kindern mit einer Dyskalkulie, sondern auch legasthenen Kindern große Schwierigkeiten. Das Problem bei legasthenen Kindern liegt darin, dass die Aufgaben durch ein mangelndes Leseverständnis nicht gelöst werden können. Die Probleme von Kindern mit einer Dyskalkulie liegen oft auch am ungenügenden Leseverständnis, aber auch an dem Nichterkennen des richtigen Ansatzes.

Abhilfe kann man schaffen, indem man Satz für Satz sehr langsam die Rechenaufgabe durchliest und dem Kind immer wieder Erklärungen abverlangt, wobei natürlich auch von Seiten des Trainers erklärende Anleitungen bereitgestellt werden müssen. Wieder gilt, wie für alle Rechenarten, dass man den Weg der praktischen und anschaulichen Demonstration wählt.

Der Vorgang muss mit vielen verschiedenen Aufgaben geübt werden, wobei schließlich auf die rein schriftliche Arbeit übergegangen werden soll, damit das Kind früher oder später auch selbstständig die Aufgaben lösen kann.

Easy Maths Set

Trainingsprogramm zur Verbesserung der individuellen Rechenleistungen nach der AFS-Methode

Diese pädagogische Spielesammlung zur Verbesserung der Rechenfertigkeit wurde nach den neuesten wissenschaftlichen Erkenntnissen zusammengestellt.

Spezielle Sinneswahrnehmungen werden dem Kind abverlangt, wenn es rechnen soll. Sind eine oder mehrere Sinneswahrnehmungen different ausgebildet, so ergeben sich zumeist Schwierigkeiten beim Erlernen des Rechnens. Das Trainingsprogramm nach der AFS-Methode wurde speziell für Kinder mit mehreren differenten Sinneswahrnehmungen/Funktionen/

Teilleistungen entwickelt. Die Fehler, die das Kind macht, sind nicht die Ursache, sondern nur die Symptome einer Dyskalkulie. Ursache sind die differenten Sinneswahrnehmungen - hier muss deshalb die Hilfe ansetzen.

Das Easy Maths Set, in einer Schachtel verpackt, enthält Würfel, Plättchen, Karten, Vorlagen und Anleitungen für Übungen für den Aufmerksamkeits-, Funktions- und Symptombereich zum täglichen Rechentraining der Grundrechenarten (z.B. Turmrechnen, s.o.). Es ist für Kinder ab 6 Jahren geeignet.

www.Easy-Maths-Set.com

Computer und Mathematik

Nicht nur mit dem Computer, sondern auch mit Tablets oder Smartphones gehen Kinder mit einer Dyskalkulie in einer besonderen positiven Art und Weise um. Diese Medien helfen ihnen bei ihren Problemen, damit sie lernen, mathematische Prozesse besser zu verstehen und zu visualisieren. Tatsächlich kann man beobachten, dass beim Arbeiten mit dem Computer die Aufmerksamkeit wesentlich höher ist, als wenn Kinder am Papier rechnen.

Bei der Förderung ist aber darauf zu achten, dass der Computer, das Tablet oder das Smartphone gezielt eingesetzt wird. Sämtliche Tätigkeiten auf diesen Medien müssen von Erwachsenen unterstützt, begleitet und überwacht werden. Diese Medien müssen stets nur als unterstützende Hilfsmittel in der Förderung betrachtet und die darauf verbrachte Zeit limitiert werden!

Eine unüberschaubare Vielfalt von Softwareprodukten wird angeboten, mit denen man Kindern mit Rechenproblemen helfen kann. Wirklich bewährt haben sich aber nur jene Programme, die möglichst wenig Ablenkung von der Materie bieten. . Durch das Training am Computer mit diesem Programm wird das Kind.

Legasthenie & Dyskalkulie V

Dies ist eine DVD-Rom, welche auch als USB-Stick erworben werden kann und einen Fundus von Spielen, Büchern und Arbeitsmaterialien bietet, gewidmet von diplomierten Legasthenie- und Dyskalkulietrainern des Ersten Österreichischen Dachverbandes Legasthenie. Die DVD-Rom hat sich vielfach in der Praxis bewährt und ist deshalb von einem erfolgreichen Dyskalkulietraining gar nicht wegzudenken. Die Inhalte gehen auf die Besonderheiten des AFS-Systems ein und sind dadurch für Kinder mit Dyskalkulie effizient. Es werden der Aufbau, Zahlensymbol, Zählen, Symbol und Menge sowie die Grundrechnungsarten trainiert. Durch das Training am Computer mit diesen Programmen wird das Kind motiviert und hat dadurch Erfolgserlebnisse. Eine Besonderheit dieser DVD-Rom ist, dass alle Inhalte online kostenlos zur Verfügung stehen:

www.legasthenie-und-dyskalkulie.com

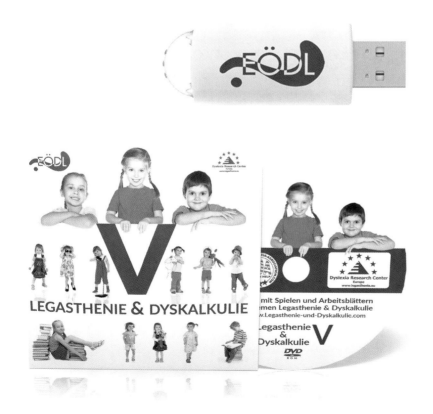

Nicht unerwähnt soll an dieser Stelle die neue Website **www.solitaire-spiele.com** bleiben, welche aus einem Forschungsprojekt des Ersten Österreichischen Dachverbandes Legasthenie entstanden ist. Nicht nur Kinder, welche beim Schreiben, Lesen oder Rechnen Schwierigkeiten haben, sondern auch Senioren können mit guten Computerspielen ihr Gehirn trainieren und ihre Leistungen verbessern. Derzeit sind 48 Spiele wie z.B. „Mathe Plus", „SpeedAdd", „Schiebepuzzle", „Mahjong", „Sudoku", „2048", „Tetris" etc. online. Bei diesem Projekt kann kostenlos, werbefrei und ohne Preisgabe der persönlichen Daten gespielt werden.

Wöchentlich empfiehlt die Webseite **www.lerninstitut.at** Spiele für Tablets und Smartphones. Diese Spiele sind als Apps zumeist kostenlos oder zu einem günstigen Preis installierbar.

Mit dem Dyslexia Quality Award ausgezeichnete Materialien für das Dyskalkulietraining finden Sie unter **www.bestofdyslexia.com**.

Bitte beachten Sie auch die aktuellen Arbeitsblätter und Lernspiele auf der Internetseite **www.arbeitsblaetter.org** für die hier beschriebenen Programme sowie Tipps und Tricks.

Auf der **beiliegenden CD-Rom** sind Arbeitsblätter als PDF-Datei zum Ausdrucken enthalten. Zum Öffnen der Arbeitsblätter benötigen Sie den kostenfreien Adobe PDF-Reader oder ein vergleichbares Programm.

Für einen fehlerfreien Betrieb gibt es keine Garantie, insbesondere wird jede Haftung für Folgeschäden, die sich aus der Verwendung des Programms ergeben könnten, ausgeschlossen. Das Betriebsrisiko liegt allein beim Benutzer.

Schlusswort

Es wurde versucht, eine sehr komplexe und komplizierte Problematik, wie die Dyskalkulie leider eine ist, einfach darzustellen. Wichtige, unumgängliche Schritte für eine erfolgreiche, praxisnahe Förderung wurden aufgezeigt. Werden diese beherzigt, so steht einem Erfolg natürlich nichts im Wege. Viel Zeit und Geduld sind notwendig. Viel Arbeit und oft als Lohn nur sehr geringe Fortschritte sind an der Tagesordnung. Menschen, ob nun Lehrer, Spezialisten oder auch Eltern, die mit diesen Kindern trainieren, müssen auf einen sehr langen und steinigen Weg gefasst sein. Doch die Erfahrung lehrt uns, dass ein Erfolg vorprogrammiert ist, wenn man hinter die Problematik dieser Kinder blickt und erkennt, warum sie so reagieren, und ihren Bedürfnissen nachkommt. Wichtig ist, dass sowohl Eltern als auch Trainer nie die individuellen Bedürfnisse der Kinder aus den Augen verlieren. Wird nämlich den Kindern ein vorgefertigtes Programm, auch Patentrezept genannt, aufgezwungen, so bleibt der Erfolg zumeist aus. Jedes Kind mit einer Dyskalkulie hat seine eigene Dyskalkulie, die Symptome bei den Kindern ähneln sich nur, sind aber nie ident. Deshalb ist es auch notwendig, eine Förderung an die Bedürfnisse des jeweiligen Kindes anzupassen. Gerade die AFS-Methode hat sich, da sie nicht nur einen umfassenden Ansatz zeigt, sondern auch eine sehr offene Methode ist, schon tausendfach bewährt.

Neben der Verbesserung der **Aufmerksamkeit** beim Rechnen, der individuellen Förderung der **Funktionen**/Sinneswahrnehmungen und dem gezielten **Symptom**training ist der **Zeitfaktor** auch ein bewährter Faktor der AFS-Methode, der eine immens große Rolle spielt! Lässt man dem Kind genug Zeit, die verschiedenen Schritte zu tun, übt man keinen Druck aus, so wird auch ein Kind mit einer Dyskalkulie unter Garantie das Rechnen erlernen. Ganz wichtig ist auch der **Lobesfaktor**, ein wesentlicher Bestandteil der AFS-Methode. Auch geringe Fortschritte müssen oft ungebührlich betont werden. Die positive Einstellung, die Sie dem Kind vermitteln, wirkt sich indirekt auch auf die Motivation aus und wirkt oft Wunder. Nie sollten Sie dem Kind das Gefühl geben, „dumm" zu sein oder unfähig, das Rechnen zu erlernen, sonst nehmen sekundäre Neurotisierungen Überhand und bringen das Kind in eine ausweglose Situation. Psychische Schäden zu beheben ist aber mit viel größeren Schwierigkeiten verbunden als eine Dyskalkulie ohne zusätzliche Problematiken.

Auch der Erklärungsbedarf dem Kind gegenüber bezüglich der Problematik ist natürlich wichtig. Klären Sie das Kind darüber auf, warum es gerade diese Leistungen nicht so leicht erbringt wie seine Schulkollegen. Beziehen Sie auch die Umgebung des Kindes in diese Aufklärungsarbeit ein. Werden Sie nie müde, in einer positiven Art und Weise über das Problem zu sprechen. Viele Kinder sind lange der Meinung, die Hürde des Rechnens irgendwie umgehen zu können. Drücken Sie dem Kind gegenüber aber ganz klar aus, dass das Erlernen der Rechenoperationen für einen Menschen in unserer Gesellschaft unumgänglich ist. Bringen Sie Beispiele dafür, etwa den Einkauf in einem Supermarkt. Die Erfahrung zeigt, dass mit der Zeit die Tatsache, rechnen zu müssen, von den Kindern akzeptiert wird. Damit ist schon viel gewonnen!

Glossar

A(ufmerksamkeitstraining) **F**(unktionstraining) **S**(ymptomtraining)-Methode - **A**(ttention) **F**(unction) **S**(ymptom)-Method: Dem Kind mit einer Dyskalkulie wird nicht nur geholfen, die Fehlersymptomatik des Rechnens zu verbessern, also die Fehlererscheinungen zu reduzieren, sondern es werden auch die Sinneswahrnehmungen, die man für das Rechnen braucht, trainiert. Großer Wert wird auch auf das Bewusstmachen gelegt, dass das Kind beim Rechenvorgang aufmerksam, also bei der Sache sein muss.

Arithmasthenie: Schwierigkeiten, die abstrakten Rechenvorgänge zu erfassen.

Dyskalkulie: Unter einer Dyskalkulie leiden Kinder, die anlagebedingt mathematische Operationen sehr schwer nachvollziehen und verstehen können. Sie haben einen völlig anderen Zugang zu Zahlen, Zahlenräumen, Mengen, Größen, Distanzen usw.

Funktionen: sind Leistungen, die das Kind in den Bereichen der Optik, Akustik und Raumwahrnehmung erbringen muss. Ist nur eine davon different, so ergeben sich Probleme beim Lesen, Schreiben oder Rechnen.

Geometrie: die Feldmesskunst, Zweig der Mathematik.

Legasthenie: Ein Kind kann die von ihm geforderten Leistungen beim Schreiben und/oder Lesen nicht in vollem Ausmaße erbringen. Dies wird durch differente Sinneswahrnehmungen hervorgerufen, die Folge ist die zeitweise Unaufmerksamkeit, wenn es mit Buchstaben in Verbindung kommt, eine weitere Folge sind Wahrnehmungsfehler.

Rechenschwäche: wurde durch Lebensumstände erworben und kann mit Symptomtraining behoben werden, wird fälschlicherweise meist als Synonym für die Dyskalkulie gebraucht.

Sinneswahrnehmungen: siehe Funktionen.

Sekundäre Neurotisierung: erfolgt dann, wenn das Kind mit einer Dyskalkulie nicht die Hilfe bekommt, die es braucht, um die Rechenvorgänge zu verstehen. Psychische Probleme sind die Folge.

Subjektive Algorithmen: mit Fehlern behaftete Vorgangsweisen, die in der Mathematik zu falschen Ergebnissen führen.

Teilleistungen: siehe Funktionen.

Literaturverzeichnis

Bauer, Alexander: Dyskalkulie – Ursachen, Feststellung und Hilfen für Kinder mit Rechenschwäche. 2008

Bird, Ronit: The Dyscalculia Toolkit: Supporting Learning Difficulties in Maths. 2007

Born, Armin; Oehler, Claudia: Kinder mit Rechenschwäche erfolgreich fördern: Ein Praxishandbuch für Eltern, Lehrer und Therapeuten. 2011

Bott, Ingeborg: Praxisbuch: Rechenschwäche? 2007

Buchner, Christina: Das Phantom Dyskalkulie: Warum Mathematikdidaktik in der Grundschule neu gedacht werden muss. 2018

Butterworth, Brian: Dyscalculia Guidance Helping Pupils with Specific Learning Difficulties in Maths. 2004

Chinn, Steve: Dealing with Dyscalculia: Sum Hope 2. 2007

Dahl, Kristin; Lepp, Mati; Brunow, Dagmar: Wollen wir Mathe spielen? Witzige Spiele und kniffelige Rätsel. 2000

Dowker, Ann: Mathematical Difficulties: Psychology and Intervention (Educational Psychology). 2008

Dürre, Rainer: Fit trotz Rechenschwäche! Wie jedes Kind rechnen lernen kann. 2009

Dybuster: Calcularis. Computerbasierte Förderung bei Rechenschwäche und Dyskalkulie. 2012

Eberhardt, Agnes; Eberhardt, Frauke: Neue fröhliche Wege aus der Dyskalkulie. 2005

Fischer, Burkhardt: Wahrnehmungs- und Blickfunktionen bei Lernproblemen: Besser werden im Lesen - Rechnen – Schreiben. 2011

Fuchs, Birgit: Spiele gegen Rechenschwäche. So fördere ich mein Kind. 2002

Ganser, Bernd; Schindler, Marianne; Schüller, Sibylle: Rechenschwäche überwinden 1: Fehleranalyse und Lernstandsdiagnose mit Materialien und Kopiervorlagen: BD 1. 2007

Goldstein, Nicole; Quast, Marianne: Rechnen für die Sinne. Rechnen für die Grundschule leicht gemacht. 2012

Grissemann, Hans; Weber, Alfons: Grundlagen und Praxis der Dyskalkulietherapie: Diagnostik und Interventionen bei speziellen Rechenstörungen als Modell sonderpädagogisch-kinderpsychiatrischer Kooperation. 2000

Gührs, Lilo: Fit trotz Rechenschwäche. 2008

Haberland, Gerhard: Leserechtschreibschwäche? Rechenschwäche? Weder krank noch dumm. 2000

Hannell, Glynis: Dyscalculia: Action Plans for Successful Learning in Mathematics. 2005

Henderson, Anne: Maths for the Dyslexic: A Practical Guide. 1998

Herzog, Marisa: Meine Rechenkiste 1 & 2. 2009

Jacobs, Claus; Petermann, Franz: Rechenstörungen: Leitfaden Kinder- und Jugendpsychotherapie. 2007

Kaufmann, Sabine; Wessolowski, Silvia: Rechenstörungen: Diagnose und Förderbausteine. 2006

Kay, Julie: Dyslexia and Maths. 2003

Kirchberg, Steffen: Dyskalkulie im Jugend- und Erwachsenenalter: Eine Studie zum produktiven Umgang mit Rechenschwäche in der Berufsschule. 2015

Kopp-Duller, Astrid; Pailer-Duller, Livia R.: Dyskalkulie im Erwachsenenalter. 2012

Kopp-Duller, Astrid; Pailer-Duller, Livia R.: Legasthenie - Dyskalkulie!? 2. Auflage. 2015

Kopp-Duller, Astrid; Pailer-Duller, Livia R.: Legasthenie - Training nach der AFS-Methode. 5. Auflage. 2017

Kopp-Duller, Astrid; Pailer-Duller, Livia R.: Training der Sinneswahrnehmungen im Vorschulalter: Erfolgreich einer Legasthenie und Dyskalkulie vorbeugen. 4. Auflage. 2017

Körndl, Max; Patho, Klaus; Lindenberg, Dorothes: Bingo. Förderspiele bei Rechenschwäche. 3./4. Klasse: Im Zahlenraum bis 1000 / Grundrechenarten. 2005

Krajewski, Kristin: Vorhersage von Rechenschwäche in der Grundschule. 2008

Kuhn-Bamberger, Heike: Alles verdreht Dyskalkulie. 2010

Lorenz, Jens Holger: Lernschwache Rechner fördern: Ursachen der Rechenschwäche, Frühhinweise auf Rechenschwäche, Diagnostisches Vorgehen. 2003

Luger-Linke, Silvia: Rechenschwäche. Vom Mathefrust zur Mathe-Lust. 2005

Mayer, Martina: Praxisheft Dyskalkulie: Gruppenförderung im Zahlenraum 1-20 in Grund- und Förderschule. 2006

Metzler, Beate: Hilfe bei Dyskalkulie: Lernen durch Handeln bei Rechenschwäche. 2002

Meyer, Wiebke: Das Übungsheft Basiswissen Mathematik 1: Mathematische Basiskompetenzen üben und festigen. 2016.

Meyer, Wiebke: Das Übungsheft Basiswissen Mathematik 2: Mathematische Basiskompetenzen üben und festigen. 2017

Milz, Ingeborg: Rechenschwächen erkennen und behandeln. Teilleistungsstörungen im mathematischen Denken. 1997

Moog, Wolfgang; Schulz Andreas: Zahlen begreifen. Diagnose und Förderung bei Kindern mit Rechenschwäche. 1999

Neubauer, Annette; Döllnig, Andrea: Rechenschwäche 2. Lentz Förderspiele: Verdoppeln und halbieren. Zehnerübergang. Zahlenraum bis 20. 2004

Nolte, Marianne: Rechenschwächen und gestörte Sprachrezeption. 2000

Poustie, Jan: Mathematics Solutions: How to Identify, Assess and Manage Specific Learning Difficulties in Mathematics Pt. A: An Introduction to Dyscalculia (Finding the Key to Specific Learning Difficulties). 2000

Preiß, Gerhard: Leitfaden Zahlenland. 2007

Raschendorfer, Nicola; Zajicek, Sabine: Dyskalkulie - wo ist das Problem? Hilfen für den Unterrichtsalltag. Für alle Schulstufen. 2006

Schilling, Sabine; Proschnig, Theres: Praxisbuch Dyskalkulie. 2000

Schlotmann, Angelika: Kein Kind soll an Mathe scheitern: Das Übungsbuch 2. 2006

Schulz, Andrea: Praxisbuch Rechenschwäche: Ein Ratgeber für Eltern. 2003

Schwarz, Margret; Stark-Städele, Jeanette: Elternratgeber Rechenschwäche. 2005

Simon, Hendrik: Dyskalkulie - Kindern mit Rechenschwäche wirksam helfen (Kinder fordern uns heraus). 2018

Stiehler, Miriam: Mit Legosteinen Rechnen lernen: Mathematisches Verständnis kindgerecht fördern. 2009

Vaidya, Sheila Rao: Understanding dyscalculia for teaching. An article from: Education. 2005

Wolf, Manuela: Dyskalkulie – Eine Entwicklungsstörung des Kindes- und Jugendalters. 2007

Zimmermann, Klaus: Jedes Kind kann rechnen lernen: Rechenschwäche und Dyskalkulie. 2015

Praxisteil

Der Praxisteil umfasst eine große Anzahl von Arbeitsblättern. Diese können, entsprechend den Copyrightbestimmungen, kopiert werden. Alle Arbeitsblätter sind auch auf der beiliegenden CD-Rom enthalten und können ausgedruckt werden.

Für alle Bereiche des Rechenaufbaues - das Erlernen der Buchstabensymbole, das Zählen, Symbol und Menge, die Grundrechenarten etc. - sind Arbeitsblätter vorhanden.

Viele Arbeitsblätter können auch zum Training der Funktionen, zur Verbesserung der Sinneswahrnehmungen, verwendet werden. Diese Arbeitsblätter sind mit verschiedenen Bildsymbolen bezeichnet, die auf der folgenden Seite zu sehen sind.

Indem Sie die Aufgabenstellung verändern, können die vorhandenen Arbeitsblätter auch zum Training von weiteren Gebieten des Funktionstrainings verwendet werden. Speziell die Arbeitsblätter zur Förderung der Grundrechenarten haben Schwierigkeitsabstufungen.

Das Zusammenwirken der drei Teilbereiche - das Training der Aufmerksamkeit, die Verbesserung der Funktionen und das gezielte Training im Symptombereich - sind eine wesentliche Voraussetzung für den Erfolg des Trainings.

Praxisteil

OPTISCHES DIFFERENZIEREN

OPTISCHES GEDÄCHTNIS

OPTISCHE SERIALITÄT

AKUSTISCHES GEDÄCHTNIS

RAUM-ORIENTIERUNG

Arbeitsblatt

Fahre die Zahlen nach.

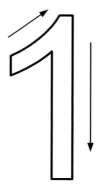

Symptomtraining Dyskalkulie - Training nach der AFS-Methode © 2018

Arbeitsblatt

Fahre die Zahlen nach.

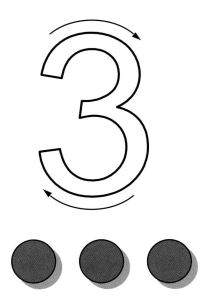

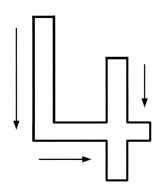

Symptomtraining — Dyskalkulie - Training nach der AFS-Methode © 2018

Arbeitsblatt

Fahre die Zahlen nach.

Arbeitsblatt

Fahre die Zahlen nach.

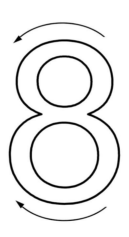

Arbeitsblatt

Fahre die Zahlen nach.

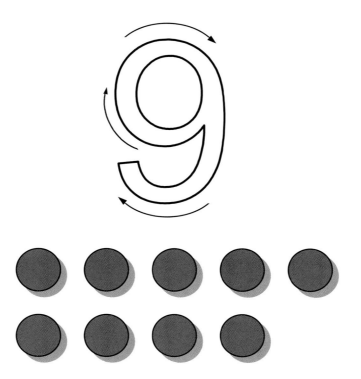

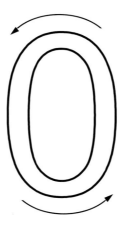

Symptomtraining — Dyskalkulie - Training nach der AFS-Methode © 2018

Arbeitsblatt

Welche Zahl ist in jeder Reihe die größte? Kreise diese ein.

3   3   3   3   3   3

8   8   8   8   8   8

5   5   5   5   5   5

7   7   7   7   7   7

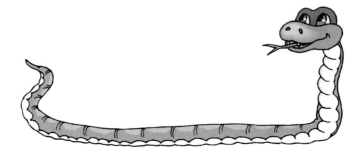

Arbeitsblatt

Welche Zahl ist in jeder Reihe die größte? Kreise diese ein.

1   1   1   1   1   1

4   4   4   4   4   4

6   6   6   6   6   6

9   9   9   9   9   9

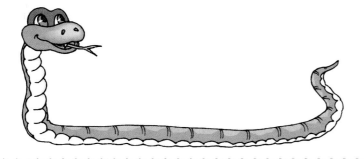

Symptomtraining — Dyskalkulie - Training nach der AFS-Methode © 2018

Arbeitsblatt

Welche Zahl ist in jeder Reihe die größte? Kreise diese ein.

10   10   10   10   10   **10**

0   0   0   0   0   **0**

2   2   2   2   **2**   2

20   20   **20**   20   20   20

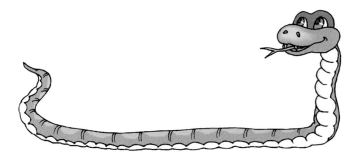

Arbeitsblatt

Kreise das Herz ein, in dem sich 2 Kugeln befinden.

Symptomtraining — Dyskalkulie - Training nach der AFS-Methode © 2018

Arbeitsblatt

Kreise das Herz ein, in dem sich 3 Kugeln befinden.

Arbeitsblatt

Kreise die Herzen ein, in denen sich 4 Kugeln befinden.

Arbeitsblatt

Kreise die Herzen ein, in denen sich 5 Kugeln befinden.

Arbeitsblatt

Kreise die Herzen ein, in denen sich 6 Kugeln befinden.

Arbeitsblatt

Kreise die Herzen ein, in denen sich 7 Kugeln befinden.

Arbeitsblatt

Kreise das Herz ein, in dem sich 8 Kugeln befinden.

Arbeitsblatt

Kreise das Herz ein, in dem sich 9 Kugeln befinden.

Arbeitsblatt

Kreise das Herz ein, in dem sich 10 Kugeln befinden.

Arbeitsblatt

Kreise das Herz ein, in dem sich 11 Kugeln befinden.

Symptomtraining Dyskalkulie - Training nach der AFS-Methode © 2018

Arbeitsblatt

Wie viele Kugeln siehst du? Kreise die zutreffende Zahl ein.

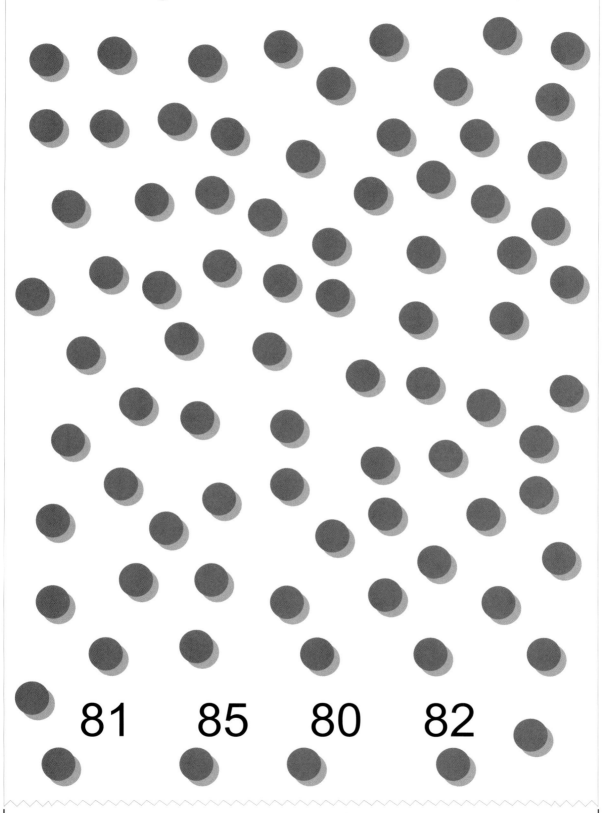

Arbeitsblatt

Wie viele Kugeln siehst du? Kreise die zutreffende Zahl ein.

48   51   45   54

Arbeitsblatt

Wie viele Kugeln siehst du? Kreise die zutreffende Zahl ein.

72   75   73   77

Arbeitsblatt

Wie viele Kugeln siehst du? Kreise die zutreffende Zahl ein.

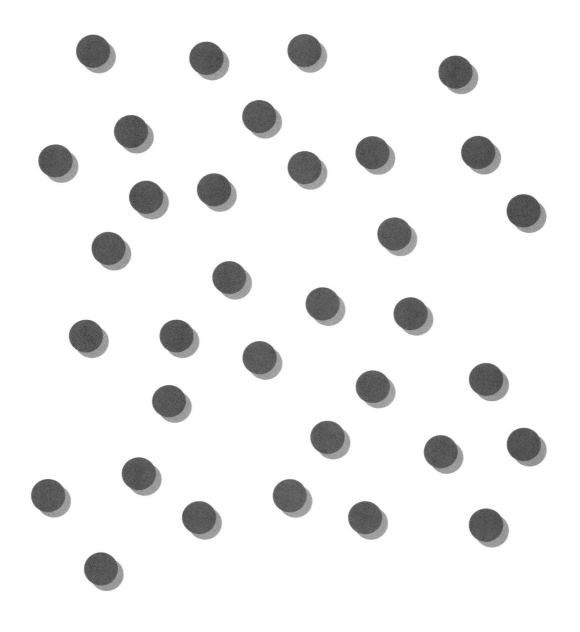

32   29   34   36

Arbeitsblatt

Wie viele Kugeln siehst du? Kreise die zutreffende Zahl ein.

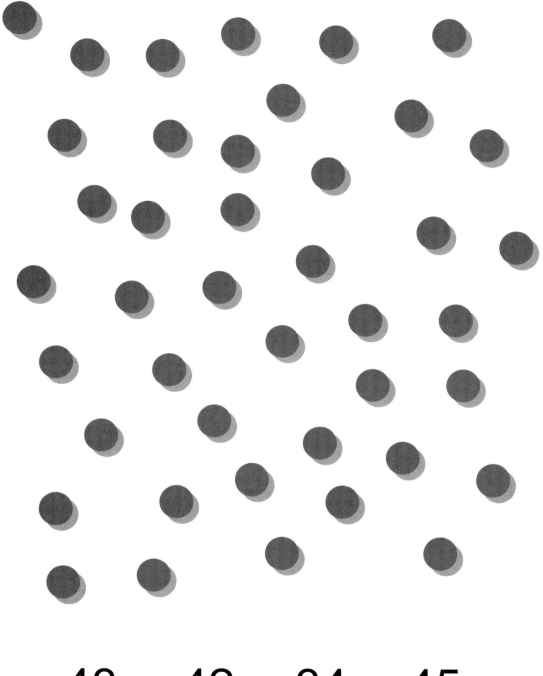

43   42   34   45

Arbeitsblatt

Wie viele Kugeln siehst du? Kreise die zutreffende Zahl ein.

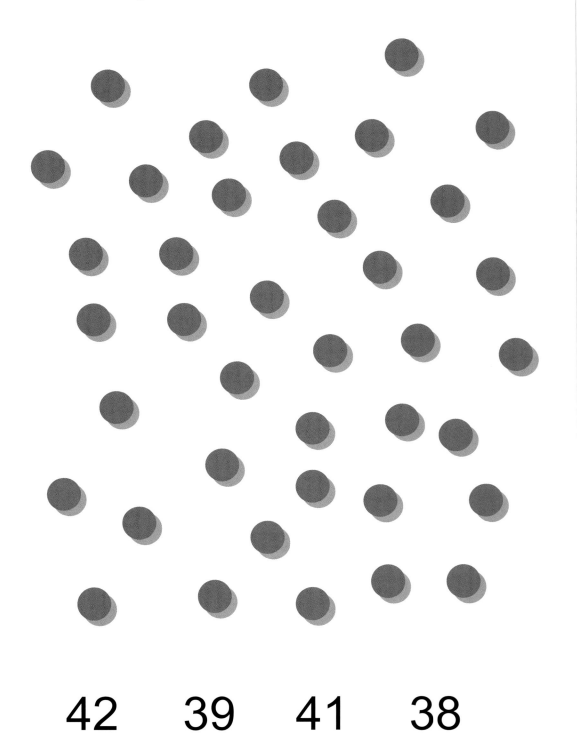

42   39   41   38

Arbeitsblatt

Wie viele Kugeln siehst du? Kreise die zutreffende Zahl ein.

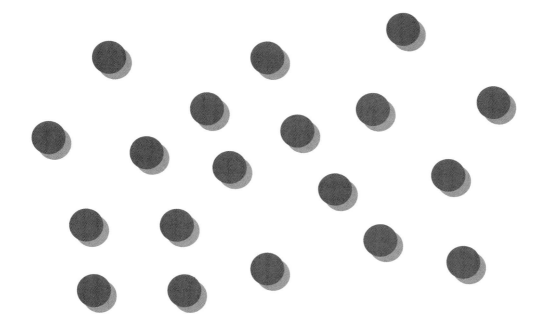

17   15   19   20

Arbeitsblatt

Wie viele Kugeln siehst du? Kreise die zutreffende Zahl ein.

15   18   16   20

Arbeitsblatt

Wie viele Kugeln siehst du? Kreise die zutreffende Zahl ein.

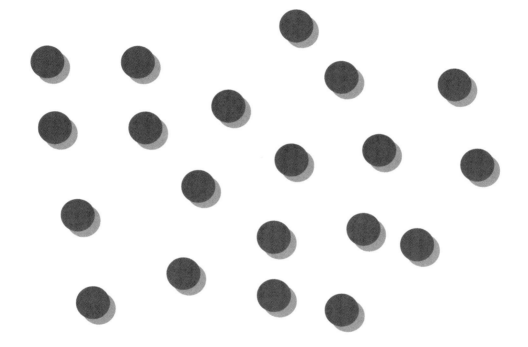

20   17   18   10

Arbeitsblatt

Wie viele Kugeln siehst du? Kreise die zutreffende Zahl ein.

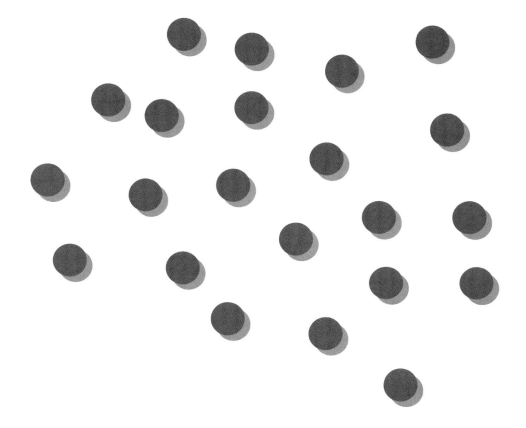

23   19   22   20

Arbeitsblatt

Wie viele Kugeln siehst du? Kreise die zutreffende Zahl ein.

6   8   7   5

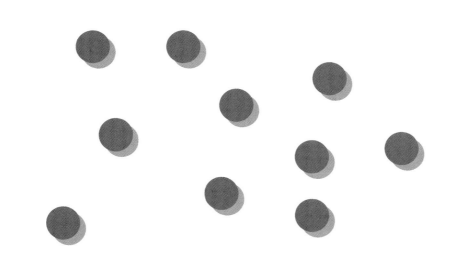

9   7   8   10

Symptomtraining   Dyskalkulie - Training nach der AFS-Methode © 2018

Arbeitsblatt

Wie viele Kugeln siehst du? Kreise die zutreffende Zahl ein.

5   9   6   8

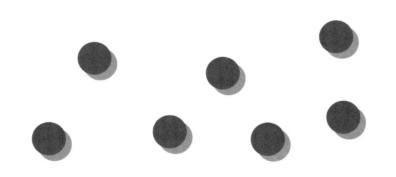

5   7   4   10

Symptomtraining   Dyskalkulie - Training nach der AFS-Methode © 2018

Arbeitsblatt

Wie viele Kugeln siehst du? Kreise die zutreffende Zahl ein.

8   9   5   6

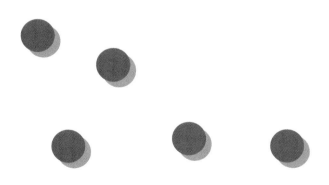

5   3   7   4

Arbeitsblatt

Wie viele Kugeln siehst du? Kreise die zutreffende Zahl ein.

3   5   4   6

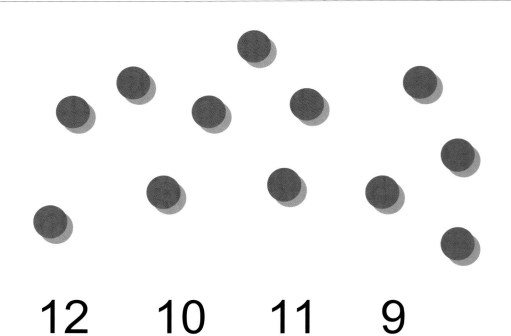

12   10   11   9

Arbeitsblatt

Wie viele Kugeln siehst du? Kreise die zutreffende Zahl ein.

11   10   15   14

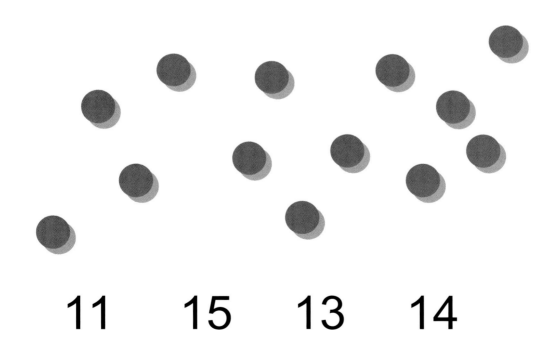

11   15   13   14

Arbeitsblatt

Kreise **10** Kugeln ein.

10

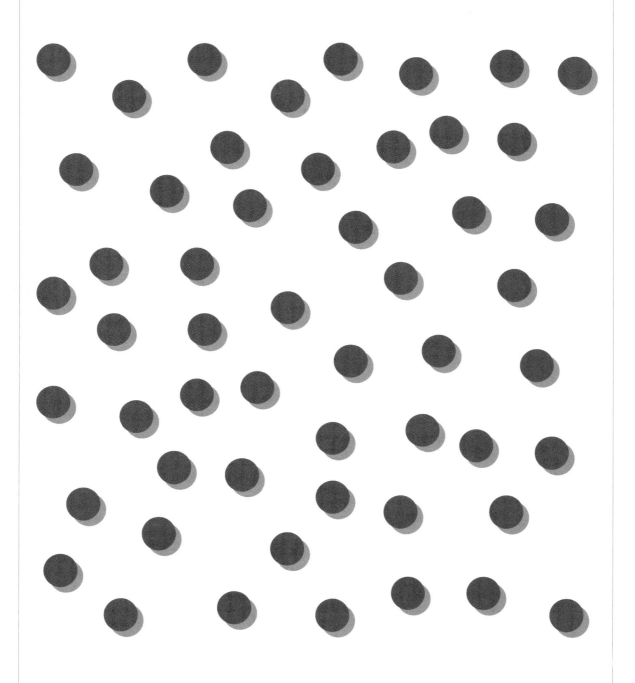

Arbeitsblatt

Kreise **15** Kugeln ein.

15

Symptomtraining · Dyskalkulie - Training nach der AFS-Methode © 2018

Arbeitsblatt

Kreise **18** Kugeln ein.

18

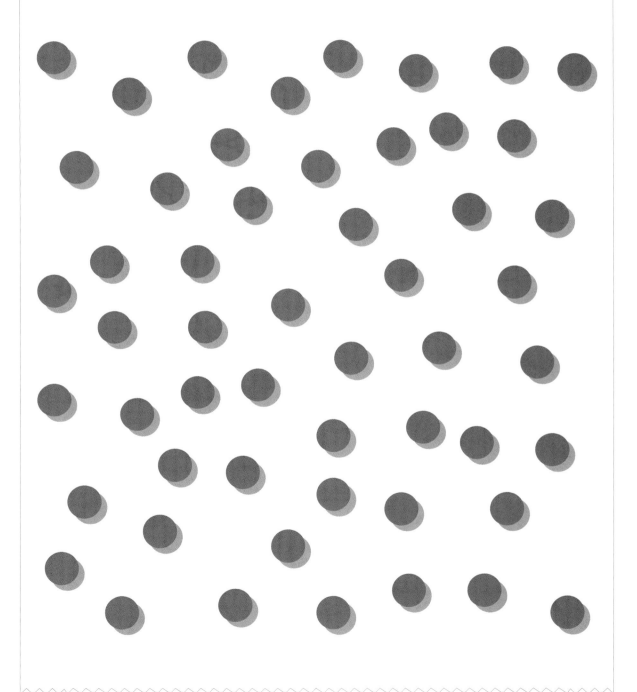

Arbeitsblatt

Kreise **20** Kugeln ein.

20

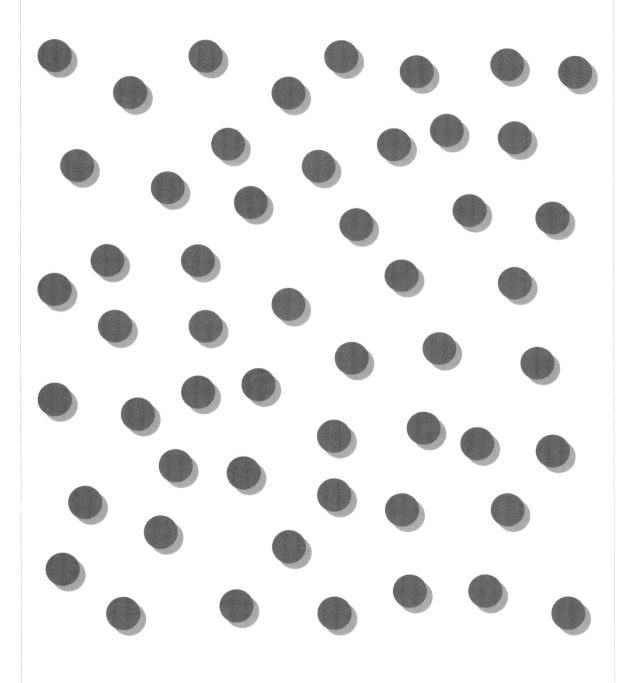

Symptomtraining Dyskalkulie - Training nach der AFS-Methode © 2018

Arbeitsblatt

Kreise **23** Kugeln ein.

23

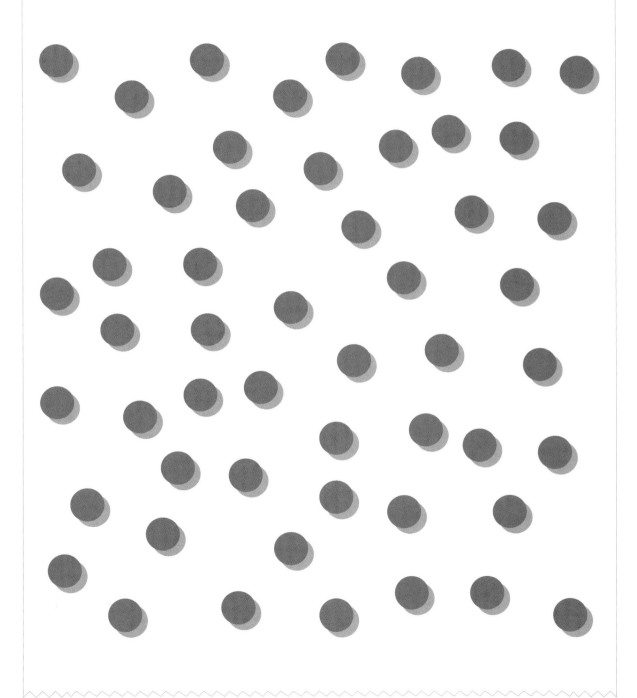

Arbeitsblatt

Kreise **34** Kugeln ein.

34

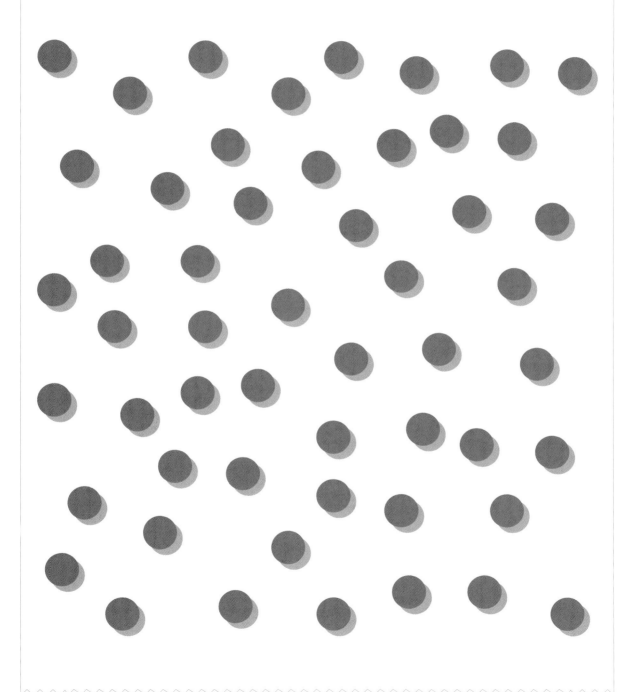

Symptomtraining   Dyskalkulie - Training nach der AFS-Methode © 2018

Arbeitsblatt

Kreise **45** Kugeln ein.

45

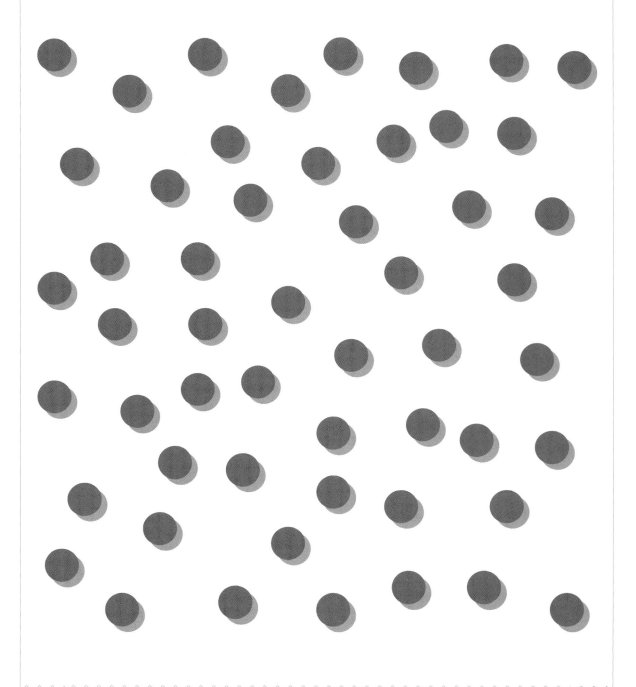

Arbeitsblatt

Kreise **67** Kugeln ein.

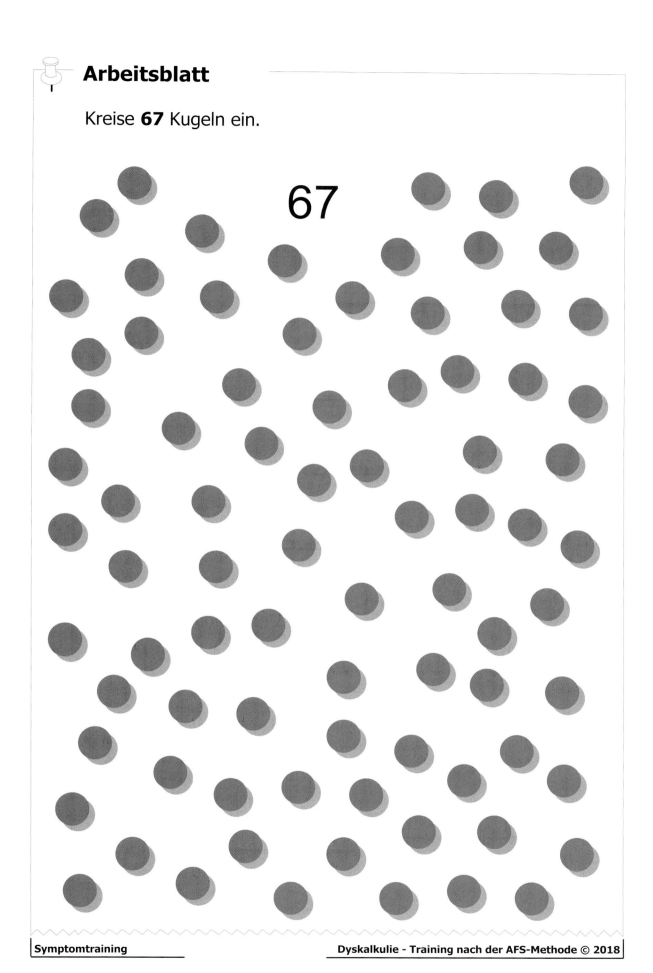

Arbeitsblatt

Kreise **75** Kugeln ein.

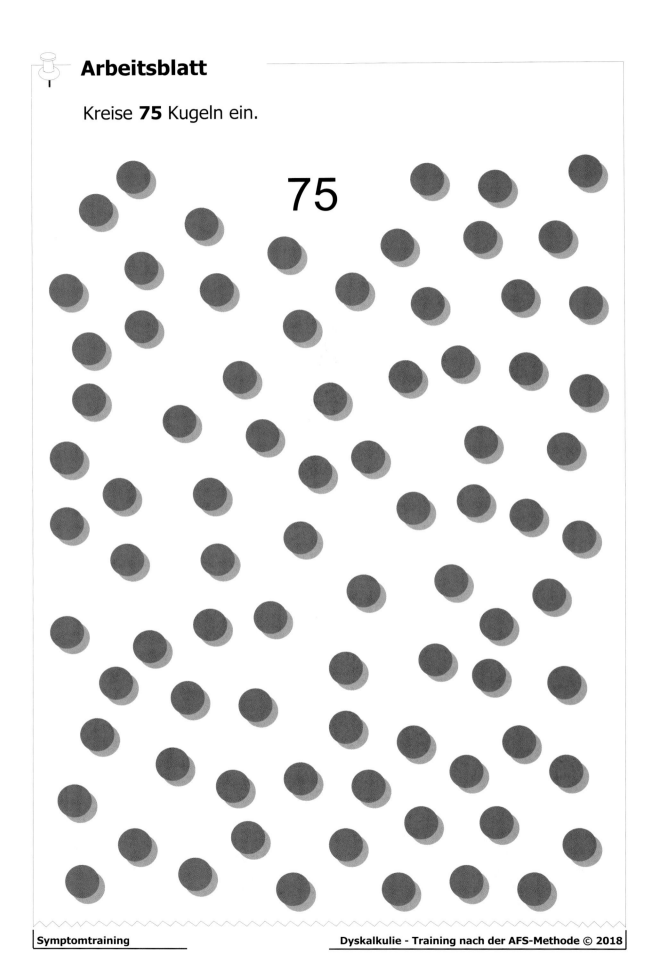

Arbeitsblatt

Kreise **80** Kugeln ein.

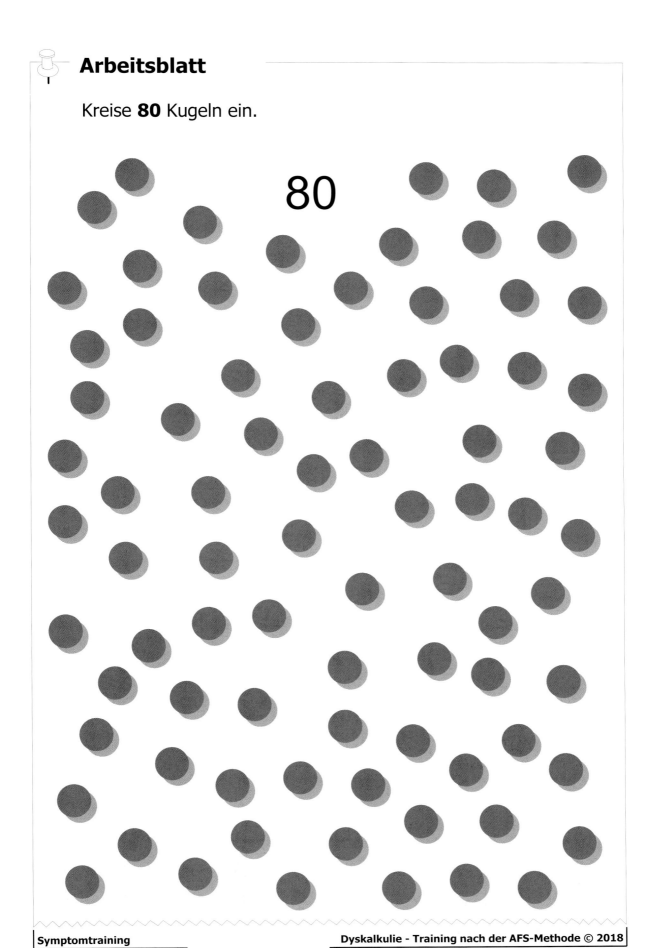

Arbeitsblatt

Suche die Zahl 1 und kreise sie ein.

1

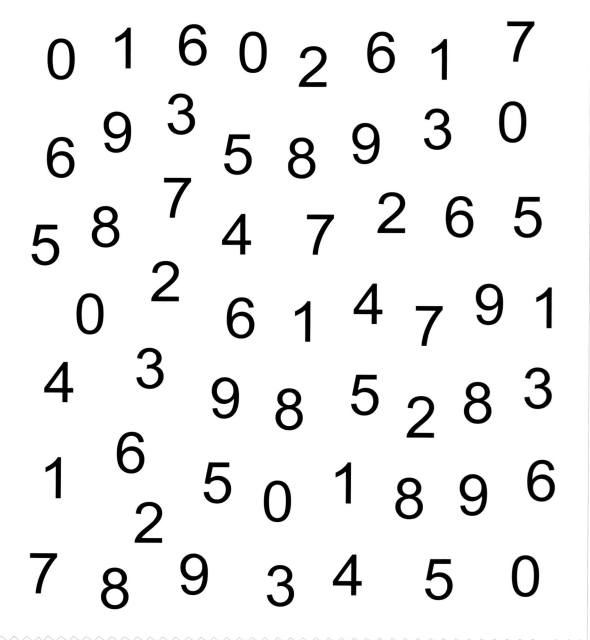

Symptomtraining — Dyskalkulie - Training nach der AFS-Methode © 2018

Arbeitsblatt

Suche die Zahl 2 und kreise sie ein.

2

```
0   1   6   0   2   6   1   7
      3               3
6   9       5   8   9       0
        7           2   6   5
5   8       4   7
        2
0           6   1   4   7   9   1
    3
4           9   8   5   2   8   3
    6
1       5   0   1   8   9   6
    2
7   8   9   3   4   5   0
```

Arbeitsblatt

Suche die Zahl 3 und kreise sie ein.

3

0 1 6 0 2 6 1 7
6 9 3 5 8 9 3 0
5 8 7 4 7 2 6 5
0 2 6 1 4 7 9 1
4 3 9 8 5 2 8 3
1 6 5 0 1 8 9 6
2
7 8 9 3 4 5 0

Symptomtraining   Dyskalkulie - Training nach der AFS-Methode © 2018

Arbeitsblatt

Suche die Zahl 4 und kreise sie ein.

4

0 1 6 0 2 6 1 7
9 3 3 0
6 9 5 8 9 3 0
7 2
5 8 4 7 6 5
2
0 6 1 4 7 9 1
3
4 9 8 5 2 8 3
6
1 5 0 1 8 9 6
2
7 8 9 3 4 5 0

Arbeitsblatt

Suche die Zahl 5 und kreise sie ein.

5

0 1 6 0 2 6 1 7
6 9 3 5 8 9 3 0
5 8 7 4 7 2 6 5
0 2 6 1 4 7 9 1
4 3 9 8 5 2 8 3
1 6 5 0 1 8 9 6
2
7 8 9 3 4 5 0

Arbeitsblatt

Suche die Zahl 6 und kreise sie ein.

```
0   1   6   0   2   6   1   7
6   9  3   5   8   9   3   0
5   8  7   4   7   2   6   5
    0   2   6   1   4   7   9   1
4   3   9   8   5   2   8   3
1   6   5   0   1   8   9   6
        2
7   8   9   3   4   5   0
```

Symptomtraining — Dyskalkulie - Training nach der AFS-Methode © 2018

Arbeitsblatt

Suche die Zahl 7 und kreise sie ein.

7

0 1 6 0 2 6 1 7
  3   3 0
6 9   5 8 9
     7
5 8 4 7 2 6 5
   2
 0   6 1 4 7 9 1
4 3
     9 8 5 2 8 3
1 6
   5 0 1 8 9 6
  2
7 8 9 3 4 5 0

Symptomtraining   Dyskalkulie - Training nach der AFS-Methode © 2018

Arbeitsblatt

Suche die Zahl 8 und kreise sie ein.

0 1 6 0 2 6 1 7
6 9 3 5 8 9 3 0
5 8 7 4 7 2 6 5
0 2 6 1 4 7 9 1
4 3 9 8 5 2 8 3
1 6 5 0 1 8 9 6
2
7 8 9 3 4 5 0

Arbeitsblatt

Suche die Zahl 9 und kreise sie ein.

```
0   1   6   0   2   6   1   7
        3           3
6   9       5   8   9       0
          7           2
5   8       4   7       6   5
        2
0           6   1   4   7   9   1
    3
4           9   8   5   2   8   3
    6
1       5   0   1   8   9   6
    2
7   8   9   3   4   5   0
```

Arbeitsblatt

Suche die Zahl 0 und kreise sie ein.

0

0 1 6 0 2 6 1 7
6 9 3 5 8 9 3 0
5 8 7 4 7 2 6 5
0 2 6 1 4 7 9 1
4 3 9 8 5 2 8 3
1 6 5 0 1 8 9 6
7 8 2 9 3 4 5 0

Symptomtraining   Dyskalkulie - Training nach der AFS-Methode © 2018

Arbeitsblatt

Ordne die Zahlen nach ihrem Wert (z.B. 3, 5, 8, 10, 14, 20) und schreibe sie geordnet auf die Linie.

20   8

15   4

12   0

_____

7   11

14   3

1   19

_____

17   9

16   5

2

13

_____

Arbeitsblatt

Ordne die Zahlen nach ihrem Wert (z.B. 3, 5, 8, 10, 14, 20) und schreibe sie geordnet auf die Linie.

5   13

18   1   _____

16   9

6   14

19   2

_____

17   10

4   12

15   0   _____

8

11

Arbeitsblatt

Ordne die Zahlen nach ihrem Wert (z.B. 3, 5, 8, 10, 14, 20) und schreibe sie geordnet auf die Linie.

5   1

19   9   _____

     16
13

6   10

20   2

                _____

14   17

4   0

18   12
                _____
          8
    17

Symptomtraining   Dyskalkulie - Training nach der AFS-Methode © 2018

Arbeitsblatt

Ordne die Zahlen nach ihrem Wert (z.B. 3, 14, 25, 33, 42, 50) und schreibe sie geordnet auf die Linie.

5   12

24   37

48   50

_____

7   14

39   27

45   26

_____

32   49

8   23

     2

13

_____

Arbeitsblatt

Ordne die Zahlen nach ihrem Wert (z.B. 3, 14, 25, 33, 42, 50) und schreibe sie geordnet auf die Linie.

17   5
37   28
         1
42

_____

12   14
22   49

16   45

_____

44   2
5   33
        50
11

_____

Symptomtraining   Dyskalkulie - Training nach der AFS-Methode © 2018

Arbeitsblatt

Ordne die Zahlen nach ihrem Wert (z.B. 3, 14, 25, 33, 42, 50) und schreibe sie geordnet auf die Linie.

43   7

49   25

   39

46

_____

15   46

37   28

19   50

_____

12   23

45   34

   6

17

_____

Arbeitsblatt

Ordne die Zahlen nach ihrem Wert (z.B. 14, 25, 45, 63, 82, 100) und schreibe sie geordnet auf die Linie.

66   10

99   72

   100

65

_____

76   92

62   33

85   28

_____

46   82

69   15

80   5

_____

Symptomtraining   Dyskalkulie - Training nach der AFS-Methode © 2018

Arbeitsblatt

Ordne die Zahlen nach ihrem Wert (z.B. 14, 25, 45, 63, 82, 100) und schreibe sie geordnet auf die Linie.

10   73

51   40

20   87

_____

73   95

67   31

89   82

_____

44   28

96   52

8   13

_____

Arbeitsblatt

Ordne die Zahlen nach ihrem Wert (z.B. 14, 25, 45, 63, 82, 100) und schreibe sie geordnet auf die Linie.

42   7

93   34   _____

51   47

88   10

78   29   _____

89   58

62   84

41   96   _____

37   73

Arbeitsblatt

Ordne die Zahlen nach ihrem Wert (z.B. 14, 25, 45, 63, 82, 100) und schreibe sie geordnet auf die Linie.

55   18

5   83

92   74

_____

15   1

87   92

98   85

_____

26   48

14   69

36   63

_____

Arbeitsblatt

Schreibe die vorangehende und die nachfolgende Zahl auf die Striche.

__ 3 __

__ 10 __

__ 27 __

__ 33 __

__ 45 __

__ 5 __   __ 58 __

__ 14 __   __ 61 __

__ 22 __   __ 74 __

__ 37 __   __ 82 __

__ 41 __   __ 99 __

Arbeitsblatt

Schreibe die vorangehende und die nachfolgende Zahl auf die Striche.

__ 50 __

__ 24 __

__ 70 __

__ 94 __

__ 30 __

__ 67 __   __ 85 __

__ 51 __   __ 64 __

__ 89 __   __ 8 __

__ 18 __   __ 77 __

__ 79 __   __ 96 __

Arbeitsblatt

Schreibe die vorangehende und die nachfolgende Zahl auf die Striche.

__ 87 __

__ 92 __

__ 49 __

__ 65 __

__ 11 __

__ 1 __   __ 35 __

__ 43 __   __ 80 __

__ 71 __   __ 52 __

__ 16 __   __ 62 __

__ 55 __   __ 9 __

Arbeitsblatt

Schreibe die vorangehende und die nachfolgende Zahl auf die Striche.

__ 27 __

__ 47 __

__ 39 __

__ 7 __

__ 13 __

__ 20 __

__ 32 __

__ 54 __

__ 60 __

__ 73 __

__ 84 __

__ 91 __

__ 29 __

__ 57 __

__ 69 __

Arbeitsblatt

Schreibe die vorangehende und die nachfolgende Zahl auf die Striche.

__ 36 __

__ 48 __

__ 93 __

__ 81 __

__ 72 __

__ 76 __   __ 66 __

__ 98 __   __ 53 __

__ 2 __   __ 6 __

__ 15 __   __ 19 __

__ 23 __   __ 44 __

Arbeitsblatt

Schreibe die fehlenden Zahlen zwischen 1 und 5 auf.

1 _____ 5

Schreibe die fehlenden Zahlen zwischen 12 und 18 auf.

12 _____ 18

Schreibe die fehlenden Zahlen zwischen 22 und 27 auf.

22 _____ 27

Schreibe die fehlenden Zahlen zwischen 55 und 63 auf.

55 _____ 63

Schreibe die fehlenden Zahlen zwischen 89 und 94 auf.

89 _____ 94

Symptomtraining — Dyskalkulie - Training nach der AFS-Methode © 2018

Arbeitsblatt

Schreibe die fehlenden Zahlen zwischen 7 und 10 auf.

7 _____ 10

Schreibe die fehlenden Zahlen zwischen 14 und 19 auf.

14 _____ 19

Schreibe die fehlenden Zahlen zwischen 20 und 28 auf.

20 _____ 28

Schreibe die fehlenden Zahlen zwischen 34 und 40 auf.

34 _____ 40

Schreibe die fehlenden Zahlen zwischen 72 und 75 auf.

72 _____ 75

Arbeitsblatt

Schreibe die fehlenden Zahlen zwischen 9 und 11 auf.

9 _____ 11

Schreibe die fehlenden Zahlen zwischen 17 und 21 auf.

17 _____ 21

Schreibe die fehlenden Zahlen zwischen 31 und 36 auf.

31 _____ 36

Schreibe die fehlenden Zahlen zwischen 48 und 52 auf.

48 _____ 52

Schreibe die fehlenden Zahlen zwischen 93 und 100 auf.

93 _____ 100

Arbeitsblatt

Schreibe die fehlenden Zahlen zwischen 0 und 10 auf.

0 _____ 10

Schreibe die fehlenden Zahlen zwischen 52 und 59 auf.

52 _____ 59

Schreibe die fehlenden Zahlen zwischen 2 und 8 auf.

2 _____ 8

Schreibe die fehlenden Zahlen zwischen 29 und 33 auf.

29 _____ 33

Schreibe die fehlenden Zahlen zwischen 18 und 25 auf.

18 _____ 25

Arbeitsblatt

Schreibe die fehlenden Zahlen zwischen 87 und 91 auf.

87 _____ 91

Schreibe die fehlenden Zahlen zwischen 70 und 76 auf.

70 _____ 76

Schreibe die fehlenden Zahlen zwischen 13 und 18 auf.

 13 _____ 18

Schreibe die fehlenden Zahlen zwischen 61 und 68 auf.

61 _____ 68

Schreibe die fehlenden Zahlen zwischen 44 und 51 auf.

44 _____ 51

Arbeitsblatt

Welche Zahl ist größer? Kreise diese ein.

7 oder 10

8 oder 5

1 oder 9

6 oder 4

3 oder 2

27 oder 13	**44 oder 55**
16 oder 4	**38 oder 76**
25 oder 28	**94 oder 12**
15 oder 23	**85 oder 58**
11 oder 17	**61 oder 63**

Arbeitsblatt

Welche Zahl ist größer? Kreise diese ein.

12 oder 25   64 oder 46

37 oder 28   35 oder 19

55 oder 45   95 oder 77

17 oder 82   41 oder 89

99 oder 73   56 oder 87

32 oder 31

65 oder 72

86 oder 87

26 oder 62

80 oder 67

Arbeitsblatt

Welche Zahl ist größer? Kreise diese ein.

74 oder 13   **54 oder 80**

95 oder 98   **11 oder 62**

32 oder 76   **12 oder 20**

23 oder 41   **68 oder 58**

47 oder 65   **27 oder 72**

70 oder 15

18 oder 82

20 oder 28

15 oder 23

11 oder 17

Arbeitsblatt

Welche Zahl ist größer? Kreise diese ein.

15 oder 18

36 oder 46

89 oder 74

14 oder 28

42 oder 43

61 oder 72	**49 oder 78**
99 oder 66	**52 oder 59**
22 oder 23	**13 oder 80**
83 oder 35	**34 oder 45**
68 oder 17	**27 oder 69**

Arbeitsblatt

Welche Zahl ist größer? Kreise diese ein.

73 oder 65

43 oder 88

51 oder 15

96 oder 62

75 oder 22

33 oder 13   **53 oder 63**

71 oder 73   **81 oder 85**

57 oder 26   **90 oder 92**

82 oder 34   **76 oder 86**

72 oder 17   **77 oder 11**

Symptomtraining — Dyskalkulie - Training nach der AFS-Methode © 2018

Arbeitsblatt

Welche Zahl ist kleiner? Kreise diese ein.

5 oder 8

2 oder 3

4 oder 6

9 oder 4

10 oder 3

12 oder 25   90 oder 92

36 oder 46   65 oder 72

53 oder 63   83 oder 35

77 oder 11   35 oder 19

49 oder 78   13 oder 80

Arbeitsblatt

Welche Zahl ist kleiner? Kreise diese ein.

11 oder 62   71 oder 73

54 oder 80   47 oder 65

27 oder 69   15 oder 23

17 oder 82   27 oder 72

81 oder 85   52 oder 59

99 oder 66

26 oder 62

72 oder 17

14 oder 28

32 oder 76

Arbeitsblatt

Welche Zahl ist kleiner? Kreise diese ein.

95 oder 77   18 oder 82

68 oder 17   85 oder 58

12 oder 20   76 oder 86

32 oder 31   57 oder 26

20 oder 28   33 oder 13

25 oder 28

55 oder 45

64 oder 46

94 oder 12

11 oder 17

Arbeitsblatt

Welche Zahl ist kleiner? Kreise diese ein.

11 oder 17

41 oder 89

37 oder 28

80 oder 67

75 oder 22

22 oder 23	**42 oder 43**
99 oder 73	**16 oder 4**
89 oder 74	**61 oder 63**
73 oder 65	**15 oder 18**
61 oder 72	**95 oder 98**

Symptomtraining   Dyskalkulie - Training nach der AFS-Methode © 2018

Arbeitsblatt

Welche Zahl ist kleiner? Kreise diese ein.

34 oder 45

15 oder 23

23 oder 41

74 oder 13

82 oder 34

86 oder 87   **68 oder 58**

56 oder 87   **70 oder 15**

44 oder 55   **39 oder 73**

96 oder 62   **43 oder 88**

27 oder 13   **51 oder 15**

Arbeitsblatt

In welche Zahlen kann man **7** zerlegen?

7   ●●●●
    ●●●

_____ = 7

_____ = 7

_____ = 7

_____ = 7

_____ = 7

_____ = 7

_____ = 7

_____ = 7

Arbeitsblatt

In welche Zahlen kann man **14** zerlegen?

14

_____ = 14

_____ = 14

_____ = 14

_____ = 14

_____ = 14

_____ = 14

_____ = 14

_____ = 14

Arbeitsblatt

In welche Zahlen kann man **6** zerlegen?

_____ = 6

_____ = 6

_____ = 6

_____ = 6

_____ = 6

_____ = 6

_____ = 6

_____ = 6

Arbeitsblatt

In welche Zahlen kann man **10** zerlegen?

10 ●●●●●
●●●●●

_____ = 10

_____ = 10

_____ = 10

_____ = 10

_____ = 10

_____ = 10

_____ = 10

_____ = 10

Arbeitsblatt

In welche Zahlen kann man **12** zerlegen?

12

_____ = 12

_____ = 12

_____ = 12

_____ = 12

_____ = 12

_____ = 12

_____ = 12

_____ = 12

Arbeitsblatt

In welche Zahlen kann man **18** zerlegen?

18

_____ = 18

_____ = 18

_____ = 18

_____ = 18

_____ = 18

_____ = 18

_____ = 18

_____ = 18

Arbeitsblatt

In welche Zahlen kann man 1**7** zerlegen?

17

_____ = 17

_____ = 17

_____ = 17

_____ = 17

_____ = 17

_____ = 17

_____ = 17

_____ = 17

Arbeitsblatt

In welche Zahlen kann man **8** zerlegen?

_____ = 8

_____ = 8

_____ = 8

_____ = 8

_____ = 8

_____ = 8

_____ = 8

_____ = 8

Arbeitsblatt

In welche Zahlen kann man **20** zerlegen?

_____ = 20

_____ = 20

_____ = 20

_____ = 20

_____ = 20

_____ = 20

_____ = 20

_____ = 20

Arbeitsblatt

In welche Zahlen kann man **13** zerlegen?

13

_____ = 13

_____ = 13

_____ = 13

_____ = 13

_____ = 13

_____ = 13

_____ = 13

_____ = 13

Arbeitsblatt

Trage richtig ein.

29 = ____ Zehner, ____ Einer
74 = ____ Zehner, ____ Einer
58 = ____ Zehner, ____ Einer
44 = ____ Zehner, ____ Einer
16 = ____ Zehner, ____ Einer

39 = ____ Zehner, ____ Einer
77 = ____ Zehner, ____ Einer
81 = ____ Zehner, ____ Einer
62 = ____ Zehner, ____ Einer
98 = ____ Zehner, ____ Einer

15 = ____ Zehner, ____ Einer
88 = ____ Zehner, ____ Einer
95 = ____ Zehner, ____ Einer
11 = ____ Zehner, ____ Einer
23 = ____ Zehner, ____ Einer

Arbeitsblatt

Trage richtig ein.

20 = _____ Zehner, _____ Einer
34 = _____ Zehner, _____ Einer
48 = _____ Zehner, _____ Einer
57 = _____ Zehner, _____ Einer
66 = _____ Zehner, _____ Einer

75 = _____ Zehner, _____ Einer
83 = _____ Zehner, _____ Einer
94 = _____ Zehner, _____ Einer
26 = _____ Zehner, _____ Einer
33 = _____ Zehner, _____ Einer

49 = _____ Zehner, _____ Einer
55 = _____ Zehner, _____ Einer
61 = _____ Zehner, _____ Einer
73 = _____ Zehner, _____ Einer
86 = _____ Zehner, _____ Einer

Arbeitsblatt

Trage richtig ein.

91 = ____ Zehner, ____ Einer
18 = ____ Zehner, ____ Einer
24 = ____ Zehner, ____ Einer
35 = ____ Zehner, ____ Einer
42 = ____ Zehner, ____ Einer

52 = ____ Zehner, ____ Einer
70 = ____ Zehner, ____ Einer
38 = ____ Zehner, ____ Einer
65 = ____ Zehner, ____ Einer
53 = ____ Zehner, ____ Einer

41 = ____ Zehner, ____ Einer
78 = ____ Zehner, ____ Einer
96 = ____ Zehner, ____ Einer
80 = ____ Zehner, ____ Einer
100 = ____ Zehner, ____ Einer

Arbeitsblatt

Trage richtig ein.

63 = ____ Zehner, ____ Einer
59 = ____ Zehner, ____ Einer
13 = ____ Zehner, ____ Einer
46 = ____ Zehner, ____ Einer
70 = ____ Zehner, ____ Einer

28 = ____ Zehner, ____ Einer
54 = ____ Zehner, ____ Einer
87 = ____ Zehner, ____ Einer
37 = ____ Zehner, ____ Einer
60 = ____ Zehner, ____ Einer

99 = ____ Zehner, ____ Einer
17 = ____ Zehner, ____ Einer
43 = ____ Zehner, ____ Einer
79 = ____ Zehner, ____ Einer
22 = ____ Zehner, ____ Einer

Arbeitsblatt

Trage richtig ein.

31 = ____ Zehner, ____ Einer
56 = ____ Zehner, ____ Einer
89 = ____ Zehner, ____ Einer
67 = ____ Zehner, ____ Einer
90 = ____ Zehner, ____ Einer

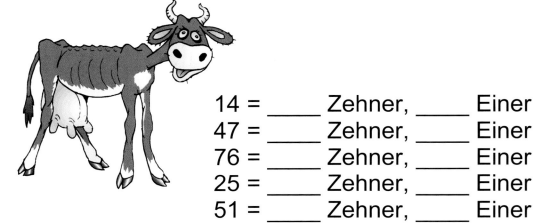

14 = ____ Zehner, ____ Einer
47 = ____ Zehner, ____ Einer
76 = ____ Zehner, ____ Einer
25 = ____ Zehner, ____ Einer
51 = ____ Zehner, ____ Einer

82 = ____ Zehner, ____ Einer
30 = ____ Zehner, ____ Einer
68 = ____ Zehner, ____ Einer
97 = ____ Zehner, ____ Einer
12 = ____ Zehner, ____ Einer

Arbeitsblatt

Wie lautet die Zahl?

zwei Zehner, neun Einer = ___
fünf Zehner, zwei Einer = ___
acht Zehner, sieben Einer = ___
drei Zehner, ein Einer = ___
sechs Zehner, null Einer = ___

neun Zehner, zwei Einer = ___
ein Zehner, ein Einer = ___
vier Zehner, acht Einer = ___
sieben Zehner, fünf Einer = ___
zwei Zehner, zwei Einer = ___

fünf Zehner, sechs Einer = ___
acht Zehner, neun Einer = ___
drei Zehner, sieben Einer = ___
sechs Zehner, fünf Einer = ___
neun Zehner, sieben Einer = ___

Arbeitsblatt

Wie lautet die Zahl?

sieben Zehner, ein Einer = ___
acht Zehner, null Einer = ___
vier Zehner, sieben Einer = ___
neun Zehner, drei Einer = ___
sechs Zehner, vier Einer = ___

ein Zehner, sechs Einer = ___
vier Zehner, zwei Einer = ___
zwei Zehner, sechs Einer = ___
fünf Zehner, null Einer = ___
drei Zehner, vier Einer = ___

sieben Zehner, neun Einer = ___
neun Zehner, neun Einer = ___
sechs Zehner, acht Einer = ___
drei Zehner, zwei Einer = ___
zwei Zehner, sieben Einer = ___

Arbeitsblatt

Wie lautet die Zahl?

fünf Zehner, neun Einer = ___
acht Zehner, drei Einer = ___
ein Zehner, acht Einer = ___
vier Zehner, vier Einer = ___
sieben Zehner, sieben Einer = ___

zwei Zehner, vier Einer = ___
fünf Zehner, fünf Einer = ___
acht Zehner, ein Einer = ___
drei Zehner, neun Einer = ___
sechs Zehner, zwei Einer = ___

neun Zehner, vier Einer = ___
zehn Zehner, null Einer = ___
ein Zehner, sieben Einer = ___
vier Zehner, fünf Einer = ___
sieben Zehner, vier Einer = ___

Arbeitsblatt

Wie lautet die Zahl?

ein Zehner, fünf Einer = ___
vier Zehner, null Einer = ___
sieben Zehner, acht Einer = ___
zwei Zehner, drei Einer = ___
fünf Zehner, vier Einer = ___

acht Zehner, fünf Einer = ___
drei Zehner, sechs Einer = ___
sechs Zehner, ein Einer = ___
neun Zehner, sechs Einer = ___
sieben Zehner, null Einer = ___

eins Zehner, zwei Einer = ___
vier Zehner, sechs Einer = ___
drei Zehner, acht Einer = ___
sechs Zehner, neun Einer = ___
neun Zehner, acht Einer = ___

Arbeitsblatt

Wie lautet die Zahl?

zwei Zehner, fünf Einer = ___
fünf Zehner, sieben Einer = ___
acht Zehner, sechs Einer = ___
vier Zehner, ein Einer = ___
ein Zehner, drei Einer = ___

sieben Zehner, zwei Einer = ___
zwei Zehner, null Einer = ___
fünf Zehner, ein Einer = ___
acht Zehner, zwei Einer = ___
drei Zehner, drei Einer = ___

sechs Zehner, sechs Einer = ___
neun Zehner, ein Einer = ___
sechs Zehner, sechs Einer = ___
vier Zehner, drei Einer = ___
acht Zehner, acht Einer = ___

Arbeitsblatt

Schreibe die entsprechende Zahl neben das Wort.

zehn —
drei —
fünf —
zwei —
null —
vier —
acht —
neun —
eins —
sieben —
sechs —

zwanzig —
dreizehn —
fünfzehn —
zwölf —
vierzehn —
achtzehn —
neunzehn —
elf —
siebenzehn —
sechzehn —

Symptomtraining   Dyskalkulie - Training nach der AFS-Methode © 2018

Arbeitsblatt

Schreibe die entsprechende Zahl neben das Wort.

dreißig —
dreiundvierzig —
fünfundfünfzig —
zweiundsechzig —
vierundsiebzig —
achtundachtzig —
neunundneunzig —
einundzwanzig —
siebenunddreißig —
sechsundvierzig —

fünfzig —
dreiundsechzig —
fünfundsiebzig —
zweiundachtzig —
vierundneunzig —
achtundzwanzig —
neununddreißig —
einundvierzig —
siebenundfünfzig —
sechsundsechzig —

Arbeitsblatt

Schreibe die entsprechende Zahl neben das Wort.

einundsiebzig —
achtzig —
einundneunzig —
hundert —
vierundzwanzig —
dreiunddreißig —
achtundvierzig —
sechsundneunzig —
fünfundachtzig —
siebenundsiebzig —

fünfundsechzig —
neunundfünfzig —
vierundvierzig —
zweiundzwanzig —
siebzig —
zweiundneunzig —
dreiundfünfzig —
sechsundzwanzig —
fünfunddreißig —
sechzig —

Arbeitsblatt

Schreibe die entsprechende Zahl neben das Wort.

vierunddreißig —
fünfundvierzig —
sechsundfünfzig —
dreiundsiebzig —
neunundachtzig —
dreiundneunzig —
einundachtzig —
siebenundsechzig —
dreiundzwanzig —
einunddreißig —

vierzig —
zweiundfünfzig —
vierundsechzig —
sechsundsiebzig —
dreiundachtzig —
fünfundneunzig —
siebenundzwanzig —
achtunddreißig —
neunundvierzig —
achtundfünfzig —

Arbeitsblatt

Schreibe die entsprechende Zahl neben das Wort.

einundsechzig —
neunundsiebzig —
sechsundachtzig —
neunzig —
fünfundzwanzig —
zweiunddreißig —
siebenundvierzig —
einundfünfzig —
achtundsechzig —
zweiundsiebzig —

siebenundachtzig —
achtundneunzig —
neunundzwanzig —
sechsunddreißig —
zweiundvierzig —
vierundfünfzig —
neunundsechzig —
achtundsiebzig —
vierundachtzig —
siebenundneunzig —

Arbeitsblatt

Schreibe das entsprechende Wort neben die Zahl.

1 _____
4 _____
7 _____
0 _____
2 _____
5 _____
8 _____
10 _____
3 _____
6 _____
9 _____

11 _____
14 _____
17 _____
20 _____
12 _____
15 _____
18 _____
13 _____
16 _____
19 _____

Arbeitsblatt

Schreibe das entsprechende Wort neben die Zahl.

32 _____
48 _____
53 _____
67 _____
79 _____
80 _____
92 _____
100 _____
96 _____
84 _____

71 _____
68 _____
56 _____
49 _____
33 _____
25 _____
60 _____
73 _____
98 _____
85 _____

Arbeitsblatt

Schreibe das entsprechende Wort neben die Zahl.

29 _____
37 _____
42 _____
54 _____
66 _____
78 _____
81 _____
94 _____
22 _____
35 _____

58 _____
63 _____
76 _____
88 _____
99 _____
23 _____
38 _____
45 _____
52 _____
64 _____

Arbeitsblatt

Schreibe das entsprechende Wort neben die Zahl.

30 ———————
43 ———————
55 ———————
74 ———————
86 ———————
97 ———————
26 ———————
39 ———————
47 ———————
50 ———————

77 ———————
82 ———————
95 ———————
21 ———————
34 ———————
46 ———————
59 ———————
61 ———————
75 ———————
83 ———————

Arbeitsblatt

Schreibe das entsprechende Wort neben die Zahl.

93 _____
27 _____
31 _____
44 _____
57 _____
69 _____
70 _____
87 _____
91 _____
28 _____

41 _____
62 _____
51 _____
89 _____
90 _____
72 _____
24 _____
40 _____
36 _____
65 _____

Arbeitsblatt

Beantworte die Fragen.

Karl Susi Mira Peter Alex Tina Max Eva Maria Thomas

Wessen Zuckerstange ist die zweite? _____

Wessen Zuckerstange ist die fünfte? _____

Wessen Zuckerstange ist die achte? _____

Wessen Zuckerstange ist die erste? _____

Wessen Zuckerstange ist die vierte? _____

Wessen Zuckerstange ist die siebente? _____

Wessen Zuckerstange ist die dritte? _____

Wessen Zuckerstange ist die sechste? _____

Wessen Zuckerstange ist die neunte? _____

Wessen Zuckerstange ist die zehnte? _____

Arbeitsblatt

Trage richtig ein.

W ist der ___23.___ Buchstabe des Alphabets.

Q ist der _____ des Alphabets.

K ist der _____ des Alphabets.

E ist der _____ des Alphabets.

A ist der _____ des Alphabets.

Z ist der _____ des Alphabets.

T ist der _____ des Alphabets.

N ist der _____ des Alphabets.

H ist der _____ des Alphabets.

C ist der _____ des Alphabets.

Arbeitsblatt

Trage richtig ein.

Der 2. Buchstabe des Alphabets ist __B__ .

Der 25. Buchstabe des Alphabets ist _____ .

Der 19. Buchstabe des Alphabets ist _____ .

Der 7. Buchstabe des Alphabets ist _____ .

Der 12. Buchstabe des Alphabets ist _____ .

Der 16. Buchstabe des Alphabets ist _____ .

Der 22. Buchstabe des Alphabets ist _____ .

Der 6. Buchstabe des Alphabets ist _____ .

Der 18. Buchstabe des Alphabets ist _____ .

Der 9. Buchstabe des Alphabets ist _____ .

Arbeitsblatt

Teile jeden der Gegenstände in **2** gleich große Teile.

Arbeitsblatt

Teile jeden der Gegenstände in **4** gleich große Teile.

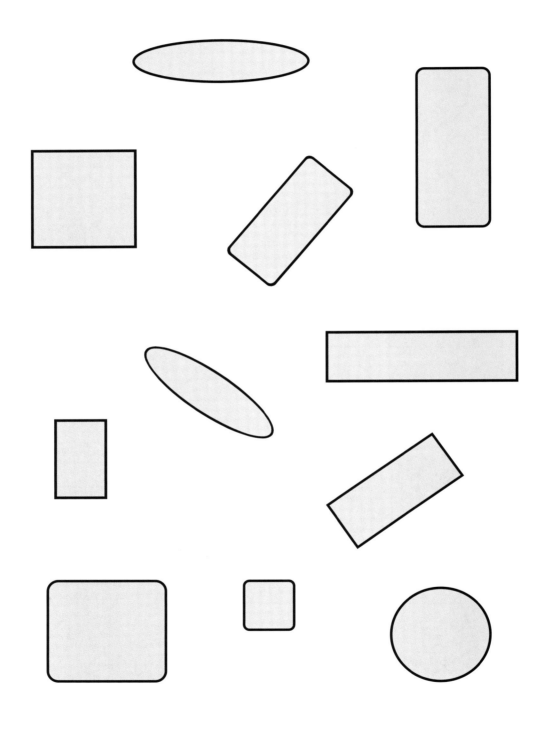

Symptomtraining　　　　　　　　　　Dyskalkulie - Training nach der AFS-Methode © 2018

Arbeitsblatt

Teile jeden der Gegenstände in **3** gleich große Teile.

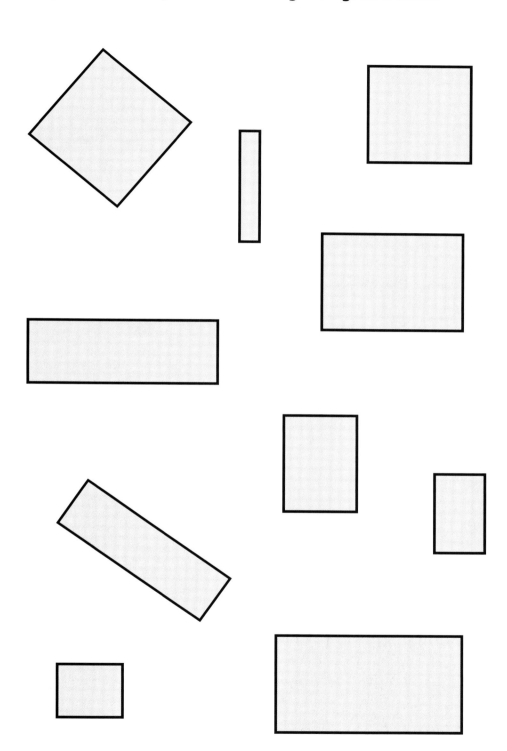

Arbeitsblatt

Teile diese Gruppe durch einen Strich in **2** gleich große Mengen.

☐ ☐ ☐ ☐ ☐ ☐ ☐ ☐ ☐ ☐ ☐ ☐

Teile diese Gruppe durch Striche in **3** gleich große Mengen.

☐ ☐ ☐ ☐ ☐ ☐ ☐ ☐ ☐ ☐ ☐ ☐

Teile diese Gruppe durch Striche in **4** gleich große Mengen.

☐ ☐ ☐ ☐ ☐ ☐ ☐ ☐ ☐ ☐ ☐ ☐

Teile diese Gruppe durch Striche in **6** gleich große Mengen.

☐ ☐ ☐ ☐ ☐ ☐ ☐ ☐ ☐ ☐ ☐ ☐

Arbeitsblatt

Teile diese Gruppe durch einen Strich in **2** gleich große Mengen.

☐☐☐☐☐☐☐☐☐☐☐☐☐☐☐☐☐☐

Teile diese Gruppe durch Striche in **3** gleich große Mengen.

☐☐☐☐☐☐☐☐☐☐☐☐☐☐☐☐☐☐

Teile diese Gruppe durch Striche in **6** gleich große Mengen.

☐☐☐☐☐☐☐☐☐☐☐☐☐☐☐☐☐☐

Teile diese Gruppe durch Striche in **9** gleich große Mengen.

☐☐☐☐☐☐☐☐☐☐☐☐☐☐☐☐☐☐

Arbeitsblatt

Teile diese Gruppe durch Striche in **3** gleich große Mengen.

❘❘❘❘❘❘❘❘❘❘❘❘❘❘❘❘❘❘❘❘❘❘❘❘

Teile diese Gruppe durch Striche in **4** gleich große Mengen.

❘❘❘❘❘❘❘❘❘❘❘❘❘❘❘❘❘❘❘❘❘❘❘❘

Teile diese Gruppe durch Striche in **6** gleich große Mengen.

❘❘❘❘❘❘❘❘❘❘❘❘❘❘❘❘❘❘❘❘❘❘❘❘

Teile diese Gruppe durch Striche in **8** gleich große Mengen.

❘❘❘❘❘❘❘❘❘❘❘❘❘❘❘❘❘❘❘❘❘❘❘❘

Arbeitsblatt

Schreibe die Rechnung hin und rechne aus.

▲▲▲ + ▲▲▲ = __

__ + __ = __

♡♡♡♡♡ + ♡♡♡ = __

__ + __ = __

★★ + ★★★★★★ = __

__ + __ = __

✹✹✹✹ + ✹✹✹✹✹✹ = __

__ + __ = __

▢▢▢▢▢▢ + ▢▢▢▢ = __

__ + __ = __

Arbeitsblatt

Schreibe die Rechnung hin und rechne aus.

▲▲▲▲   ▲▲▲ = __

__ __ = __

♡♡♡♡♡♡   ♡♡ = __

__ __ = __

★★★★★   ★★★ = __

__ __ = __

✹✹✹✹✹✹✹✹✹   ✹ = __

__ __ = __

▢▢▢▢▢▢   ▢▢▢▢▢ = __

__ __ = __

Arbeitsblatt

Schreibe die Rechnung hin und rechne aus.

▲▲ + ▲▲ + ▲▲▲ = __

__ + __ + __ = __

♡♡♡♡ + ♡ + ♡♡♡ = __

__ + __ + __ = __

★ + ★ + ★★★★ = __

__ + __ + __ = __

❉❉ + ❉❉❉❉❉ + ❉❉ = __

__ + __ + __ = __

▢▢▢ + ▢▢▢▢▢ + ▢▢▢▢ = __

__ + __ + __ = __

Arbeitsblatt

Schreibe die Rechnung hin und rechne aus.

▲ ▲ ▲ ▲   ▲ ▲   ▲ = __

__ __ __ = __

♡ ♡ ♡ ♡   ♡   ♡ ♡ ♡ = __

__ __ __ = __

★ ★ ★ ★   ★   ★ = __

__ __ __ = __

✸ ✸ ✸ ✸ ✸   ✸ ✸   ✸ ✸ = __

__ __ __ = __

▪ ▪ ▪ ▪ ▪ ▪ ▪   ▪   ▪ ▪ ▪ = __

__ __ __ = __

Arbeitsblatt

Schreibe die Rechnung hin und rechne aus.

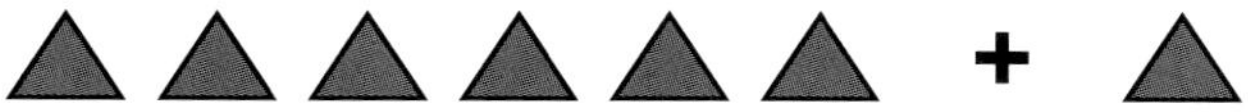

▲▲▲▲▲▲ + ▲ = __

__ __ = __

♡♡♡   ♡♡ = __

__ __ = __

★ + ★★★★★★★ = __

__ __ = __

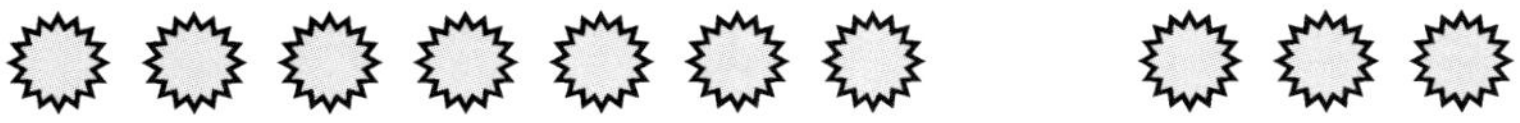

☼☼☼☼☼☼☼   ☼☼☼ = __

__ __ = __

▭▭▭▭▭ + ▭▭▭▭▭ = __

__ __ = __

Arbeitsblatt

Rechne aus und schreibe das Ergebnis auf den Strich.

4 + 1 = ___   3 + 2 = ___
5 + 5 = ___   1 + 1 = ___
3 + 4 = ___   2 + 5 = ___
1 + 7 = ___   3 + 6 = ___
2 + 2 = ___   3 + 7 = ___
4 + 5 = ___   6 + 2 = ___

7 + 3 = ___   4 + 3 = ___
9 + 1 = ___   6 + 0 = ___
0 + 1 = ___   3 + 1 = ___
8 + 1 = ___   1 + 5 = ___
5 + 0 = ___   4 + 6 = ___
5 + 5 = ___   7 + 2 = ___

4 + 0 = ___
1 + 6 = ___
5 + 1 = ___
5 + 2 = ___
0 + 0 = ___
0 + 5 = ___

Symptomtraining

Arbeitsblatt

Rechne aus und schreibe das Ergebnis auf den Strich.

4 + 4 = __   4 + 2 = __
10 + 0 = __   6 + 3 = __
2 + 7 = __   1 + 9 = __
1 + 4 = __   8 + 2 = __
3 + 3 = __   0 + 10 = __
8 + 0 = __   9 + 0 = __

2 + 1 = __   4 + 4 = __
5 + 3 = __   3 + 5 = __
0 + 8 = __   2 + 6 = __
5 + 4 = __   7 + 0 = __
2 + 8 = __   4 + 6 = __
3 + 2 = __   1 + 0 = __

7 + 1 = __
6 + 4 = __
1 + 2 = __
0 + 2 = __
3 + 0 = __
0 + 6 = __

Symptomtraining

Dyskalkulie - Training nach der AFS-Methode © 2018

Arbeitsblatt

Rechne aus und schreibe das Ergebnis auf den Strich.

0 + 7 = __   1 + 1 = __
1 + 3 = __   5 + 4 = __
2 + 0 = __   2 + 1 = __
6 + 1 = __   3 + 5 = __
2 + 4 = __   4 + 5 = __
0 + 4 = __   3 + 1 = __

0 + 0 = __   4 + 3 = __
5 + 4 = __   2 + 5 = __
3 + 4 = __   9 + 1 = __
7 + 2 = __   0 + 8 = __
1 + 8 = __   1 + 1 = __
6 + 0 = __   6 + 2 = __

8 + 1 = __
9 + 0 = __
4 + 6 = __
1 + 4 = __
0 + 2 = __
3 + 7 = __

Arbeitsblatt

Rechne aus und schreibe das Ergebnis auf den Strich.

2 + 2 = __	2 + 1 = __	7 + 3 = __
3 + 0 = __	3 + 6 = __	3 + 2 = __
6 + 4 = __	0 + 1 = __	0 + 4 = __
3 + 1 = __	5 + 3 = __	5 + 2 = __
5 + 0 = __	8 + 0 = __	1 + 0 = __
8 + 2 = __	1 + 6 = __	4 + 4 = __

4 + 2 = __	2 + 7 = __	1 + 3 = __
6 + 3 = __	0 + 6 = __	5 + 5 = __
5 + 1 = __	3 + 3 = __	0 + 7 = __
2 + 6 = __	1 + 9 = __	6 + 1 = __
0 + 5 = __	2 + 4 = __	10 + 0 = __
2 + 0 = __	7 + 0 = __	1 + 2 = __

4 + 5 = __	1 + 2 = __
2 + 3 = __	6 + 4 = __
4 + 1 = __	3 + 1 = __
7 + 1 = __	8 + 2 = __
0 + 3 = __	5 + 5 = __
2 + 8 = __	7 + 1 = __

Arbeitsblatt

Rechne aus und schreibe das Ergebnis auf den Strich.

0 + 9 = __	0 + 6 = __	4 + 5 = __
3 + 5 = __	5 + 5 = __	1 + 6 = __
1 + 7 = __	0 + 0 = __	2 + 8 = __
4 + 0 = __	2 + 1 = __	7 + 1 = __
0 + 10 = __	7 + 0 = __	2 + 0 = __
1 + 5 = __	9 + 1 = __	3 + 5 = __

2 + 4 = __	7 + 3 = __	4 + 4 = __
1 + 1 = __	10 + 0 = __	6 + 2 = __
0 + 9 = __	6 + 3 = __	1 + 4 = __
2 + 4 = __	3 + 2 = __	9 + 0 = __
1 + 3 = __	0 + 4 = __	3 + 4 = __
5 + 2 = __	8 + 2 = __	2 + 2 = __

3 + 3 = __	1 + 5 = __
2 + 6 = __	0 + 2 = __
1 + 8 = __	5 + 4 = __
5 + 3 = __	7 + 2 = __
4 + 1 = __	8 + 1 = __
0 + 7 = __	5 + 0 = __

Arbeitsblatt

Rechne aus und schreibe das Ergebnis auf den Strich.

4 - 1 = __   3 - 2 = __
5 - 5 = __   1 - 1 = __
4 - 3 = __   5 - 2 = __
7 - 1 = __   6 - 3 = __
2 - 2 = __   7 - 3 = __
5 - 4 = __   6 - 2 = __

7 - 3 = __   4 - 3 = __
9 - 1 = __   6 - 0 = __
1 - 0 = __   3 - 1 = __
8 - 1 = __   5 - 1 = __
5 - 0 = __   6 - 4 = __
5 - 5 = __   7 - 2 = __

4 - 0 = __
6 - 1 = __
5 - 1 = __
5 - 2 = __
0 - 0 = __
5 - 0 = __

Arbeitsblatt

Rechne aus und schreibe das Ergebnis auf den Strich.

4 - 4 = __   4 - 2 = __
10 - 0 = __   6 - 3 = __
7 - 2 = __   9 - 1 = __
4 - 1 = __   8 - 2 = __
3 - 3 = __   10 - 7 = __
8 - 0 = __   9 - 0 = __

2 - 1 = __   4 - 4 = __
5 - 3 = __   5 - 3 = __
8 - 0 = __   6 - 2 = __
5 - 4 = __   7 - 0 = __
8 - 2 = __   6 - 4 = __
3 - 2 = __   1 - 0 = __

7 - 1 = __
6 - 4 = __
2 - 1 = __
2 - 2 = __
3 - 0 = __
6 - 0 = __

Arbeitsblatt

Rechne aus und schreibe das Ergebnis auf den Strich.

7 - 0 = __ 1 - 1 = __
3 - 1 = __ 5 - 4 = __
2 - 0 = __ 2 - 1 = __
6 - 1 = __ 5 - 3 = __
4 - 2 = __ 5 - 4 = __
4 - 1 = __ 3 - 1 = __

0 - 0 = __ 4 - 3 = __
5 - 4 = __ 5 - 2 = __
4 - 3 = __ 9 - 1 = __
7 - 2 = __ 8 - 0 = __
8 - 1 = __ 1 - 1 = __
6 - 0 = __ 6 - 2 = __

8 - 1 = __
9 - 0 = __
6 - 4 = __
4 - 1 = __
2 - 0 = __
7 - 3 = __

Arbeitsblatt

Rechne aus und schreibe das Ergebnis auf den Strich.

2 - 2 = ___	2 - 1 = ___	7 - 6 = ___
3 - 0 = ___	6 - 3 = ___	3 - 2 = ___
6 - 4 = ___	7 - 7 = ___	4 - 0 = ___
3 - 1 = ___	5 - 3 = ___	5 - 2 = ___
5 - 0 = ___	8 - 0 = ___	1 - 0 = ___
8 - 2 = ___	6 - 5 = ___	4 - 4 = ___

4 - 2 = ___	7 - 5 = ___	3 - 1 = ___
6 - 3 = ___	6 - 4 = ___	5 - 5 = ___
5 - 1 = ___	3 - 3 = ___	7 - 6 = ___
6 - 2 = ___	9 - 7 = ___	6 - 1 = ___
5 - 0 = ___	4 - 2 = ___	10 - 8 = ___
2 - 0 = ___	7 - 0 = ___	2 - 1 = ___

5 - 4 = ___	2 - 1 = ___
3 - 2 = ___	6 - 4 = ___
4 - 1 = ___	3 - 1 = ___
7 - 1 = ___	8 - 2 = ___
3 - 1 = ___	5 - 5 = ___
8 - 7 = ___	7 - 1 = ___

Arbeitsblatt

Rechne aus und schreibe das Ergebnis auf den Strich.

9 - 7 = __
5 - 3 = __
7 - 2 = __
4 - 0 = __
10 - 1 = __
5 - 1 = __

6 - 6 = __
5 - 5 = __
0 - 0 = __
2 - 1 = __
7 - 0 = __
9 - 5 = __

5 - 4 = __
6 - 1 = __
8 - 7 = __
7 - 1 = __
2 - 0 = __
5 - 3 = __

4 - 2 = __
1 - 1 = __
9 - 8 = __
8 - 4 = __
3 - 1 = __
5 - 2 = __

7 - 3 = __
10 - 4 = __
6 - 3 = __
3 - 2 = __
4 - 0 = __
8 - 2 = __

4 - 4 = __
6 - 2 = __
4 - 1 = __
9 - 0 = __
4 - 3 = __
2 - 2 = __

3 - 3 = __
6 - 2 = __
8 - 7 = __
5 - 3 = __
4 - 1 = __
7 - 3 = __

5 - 1 = __
2 - 0 = __
5 - 4 = __
7 - 2 = __
8 - 1 = __
5 - 0 = __

Symptomtraining Dyskalkulie - Training nach der AFS-Methode © 2018

Arbeitsblatt

Rechne aus und schreibe das Ergebnis auf den Strich.

4 · 1 = __
5 · 5 = __
3 · 4 = __
1 · 7 = __
2 · 2 = __
4 · 5 = __

3 · 2 = __
1 · 1 = __
2 · 5 = __
3 · 6 = __
3 · 7 = __
6 · 2 = __

7 · 3 = __
9 · 1 = __
0 · 1 = __
8 · 1 = __
5 · 0 = __
5 · 5 = __

4 · 3 = __
6 · 0 = __
3 · 1 = __
1 · 5 = __
4 · 6 = __
7 · 2 = __

4 · 0 = __
1 · 6 = __
5 · 1 = __
5 · 2 = __
0 · 0 = __
0 · 5 = __

Arbeitsblatt

Rechne aus und schreibe das Ergebnis auf den Strich.

4 · 4 = __   4 · 2 = __
7 · 10 = __   6 · 3 = __
2 · 7 = __   1 · 9 = __
1 · 4 = __   8 · 2 = __
3 · 3 = __   5 · 10 = __
8 · 2 = __   9 · 8 = __

2 · 1 = __   4 · 4 = __
5 · 3 = __   3 · 5 = __
4 · 8 = __   2 · 6 = __
5 · 4 = __   7 · 3 = __
2 · 8 = __   4 · 6 = __
3 · 2 = __   1 · 10 = __

7 · 1 = __
6 · 4 = __
1 · 2 = __
3 · 2 = __
3 · 8 = __
9 · 6 = __

Arbeitsblatt

Rechne aus und schreibe das Ergebnis auf den Strich.

2 · 2 = __	2 · 1 = __	7 · 3 = __
3 · 8 = __	3 · 6 = __	3 · 2 = __
6 · 4 = __	6 · 1 = __	8 · 4 = __
3 · 1 = __	5 · 3 = __	5 · 2 = __
5 · 8 = __	8 · 0 = __	1 · 10 = __
8 · 2 = __	1 · 6 = __	4 · 4 = __

4 · 2 = __	2 · 7 = __	1 · 3 = __
6 · 3 = __	7 · 6 = __	5 · 5 = __
5 · 1 = __	3 · 3 = __	6 · 7 = __
2 · 6 = __	1 · 9 = __	6 · 1 = __
9 · 5 = __	2 · 4 = __	3 · 10 = __
2 · 9 = __	7 · 9 = __	1 · 2 = __

4 · 5 = __	1 · 2 = __
2 · 3 = __	6 · 4 = __
4 · 1 = __	3 · 1 = __
7 · 1 = __	8 · 2 = __
5 · 3 = __	5 · 5 = __
2 · 8 = __	7 · 8 = __

Arbeitsblatt

Rechne aus und schreibe das Ergebnis auf den Strich.

9 · 9 = __   7 · 6 = __   4 · 5 = __
3 · 5 = __   5 · 5 = __   1 · 6 = __
1 · 7 = __   5 · 8 = __   2 · 8 = __
4 · 8 = __   2 · 1 = __   7 · 1 = __
4 · 10 = __   7 · 7 = __   2 · 10 = __
1 · 5 = __   9 · 1 = __   3 · 5 = __

2 · 4 = __   7 · 3 = __   4 · 4 = __
1 · 1 = __   9 · 9 = __   6 · 2 = __
6 · 9 = __   6 · 3 = __   1 · 4 = __
2 · 4 = __   3 · 2 = __   9 · 10 = __
1 · 3 = __   9 · 4 = __   3 · 4 = __
5 · 2 = __   8 · 2 = __   2 · 2 = __

3 · 3 = __   1 · 5 = __
2 · 6 = __   0 · 2 = __
1 · 8 = __   5 · 4 = __
5 · 3 = __   7 · 2 = __
4 · 1 = __   8 · 1 = __
4 · 7 = __   5 · 9 = __

Arbeitsblatt

Rechne aus und schreibe das Ergebnis auf den Strich.

1 · 9 = __	3 · 6 = __	7 · 3 = __
2 · 7 = __	1 · 8 = __	6 · 3 = __
9 · 3 = __	2 · 5 = __	3 · 7 = __
6 · 4 = __	1 · 2 = __	8 · 2 = __
8 · 5 = __	3 · 4 = __	5 · 5 = __
3 · 1 = __	9 · 8 = __	4 · 1 = __

6 · 7 = __	8 · 7 = __	1 · 1 = __
1 · 7 = __	1 · 3 = __	5 · 4 = __
3 · 8 = __	2 · 9 = __	2 · 1 = __
6 · 1 = __	6 · 1 = __	3 · 5 = __
9 · 1 = __	2 · 4 = __	4 · 5 = __
3 · 5 = __	6 · 4 = __	3 · 1 = __

8 · 1 = __	0 · 10 = __
9 · 10 = __	5 · 4 = __
4 · 6 = __	3 · 4 = __
1 · 4 = __	7 · 2 = __
9 · 2 = __	1 · 8 = __
3 · 7 = __	6 · 10 = __

Arbeitsblatt

Rechne aus und schreibe das Ergebnis auf den Strich.

4 : 1 = __   6 : 2 = __
5 : 5 = __   1 : 1 = __
12 : 4 = __   50 : 5 = __
56 : 7 = __   36 : 6 = __
2 : 2 = __   35 : 7 = __
40 : 5 = __   20 : 2 = __

27 : 3 = __   24 : 3 = __
9 : 1 = __   60 : 10 = __
6 : 1 = __   3 : 1 = __
8 : 1 = __   15 : 5 = __
50 : 10 = __   24 : 6 = __
10 : 5 = __   16 : 2 = __

40 : 10 = __
48 : 6 = __
5 : 1 = __
12 : 2 = __
10 : 10 = __
20 : 5 = __

Arbeitsblatt

Rechne aus und schreibe das Ergebnis auf den Strich.

4 : 4 = __   4 : 2 = __
70 : 10 = __   6 : 3 = __
21 : 7 = __   18 : 9 = __
16 : 4 = __   2 : 2 = __
3 : 3 = __   30 : 10 = __
8 : 2 = __   80 : 8 = __

2 : 1 = __   8 : 4 = __
15 : 3 = __   30 : 5 = __
32 : 8 = __   60 : 6 = __
28 : 4 = __   30 : 3 = __
56 : 8 = __   42 : 6 = __
10 : 2 = __   100 : 10 = __

7 : 1 = __
24 : 4 = __
14 : 2 = __
18 : 2 = __
64 : 8 = __
30 : 6 = __

Arbeitsblatt

Rechne aus und schreibe das Ergebnis auf den Strich.

10 : 1 = __   2 : 1 = __   27 : 3 = __
8 : 8 = __   36 : 6 = __   14 : 2 = __
20 : 4 = __   6 : 1 = __   8 : 4 = __
63 : 9 = __   15 : 3 = __   16 : 2 = __
40 : 8 = __   8 : 0 = __   80 : 10 = __
45 : 9 = __   12 : 6 = __   4 : 4 = __

42 : 7 = __   28 : 7 = __   12 : 3 = __
9 : 3 = __   54 : 6 = __   25 : 5 = __
54 : 9 = __   21 : 3 = __   7 : 7 = __
6 : 6 = __   81 : 9 = __   12 : 6 = __
45 : 5 = __   36 : 4 = __   90 : 10 = __
27 : 9 = __   90 : 9 = __   70 : 7 = __

35 : 5 = __   32 : 4 = __
18 : 3 = __   9 : 9 = __
40 : 4 = __   49 : 7 = __
18 : 6 = __   20 : 10 = __
14 : 7 = __   36 : 9 = __
16 : 8 = __   72 : 8 = __

Arbeitsblatt

Rechne aus und schreibe das Ergebnis auf den Strich.

72 : 9 = __   3 : 1 = __   10 : 5 = __
20 : 10 = __   24 : 6 = __   36 : 6 = __
48 : 8 = __   6 : 1 = __   64 : 8 = __
24 : 8 = __   24 : 3 = __   8 : 1 = __
63 : 7 = __   40 : 5 = __   40 : 10 = __
80 : 10 = __   48 : 6 = __   20 : 5 = __

12 : 4 = __   56 : 7 = __   24 : 4 = __
1 : 1 = __   60 : 6 = __   6 : 2 = __
45 : 9 = __   3 : 3 = __   40 : 4 = __
32 : 4 = __   9 : 9 = __   50 : 10 = __
12 : 2 = __   35 : 7 = __   6 : 6 = __
20 : 2 = __   60 : 10 = __   12 : 3 = __

27 : 3 = __   5 : 5 = __
54 : 6 = __   8 : 2 = __
32 : 8 = __   4 : 4 = __
15 : 3 = __   16 : 2 = __
4 : 1 = __   7 : 1 = __
49 : 7 = __   27 : 9 = __

Arbeitsblatt

Rechne aus und schreibe das Ergebnis auf den Strich.

81 : 9 = __	12 : 6 = __	21 : 3 = __
42 : 7 = __	80 : 8 = __	30 : 3 = __
9 : 3 = __	25 : 5 = __	21 : 7 = __
16 : 4 = __	4 : 2 = __	2 : 2 = __
15 : 5 = __	20 : 4 = __	35 : 5 = __
2 : 1 = __	56 : 8 = __	5 : 1 = __

7 : 7 = __	14 : 7 = __	70 : 7 = __
28 : 7 = __	18 : 3 = __	36 : 4 = __
72 : 8 = __	54 : 9 = __	6 : 3 = __
10 : 1 = __	8 : 8 = __	45 : 5 = __
9 : 1 = __	8 : 4 = __	50 : 5 = __
30 : 5 = __	28 : 4 = __	18 : 2 = __

10 : 2 = __	100 : 10 = __
90 : 10 = __	16 : 8 = __
42 : 6 = __	18 : 9 = __
14 : 2 = __	10 : 10 = __
10 : 2 = __	36 : 9 = __
18 : 6 = __	40 : 8 = __

Arbeitsblatt

Rechne aus und schreibe das Ergebnis auf den Strich.

21 + 36 = ___
22 + 14 = ___
71 + 26 = ___
30 + 24 = ___
35 + 64 = ___
21 + 67 = ___

10 + 33 = ___
77 + 11 = ___
14 + 63 = ___
20 + 60 = ___
62 + 17 = ___
23 + 55 = ___

47 + 20 = ___
17 + 12 = ___
11 + 68 = ___
13 + 46 = ___
61 + 21 = ___
16 + 42 = ___

72 + 12 = ___
10 + 56 = ___
18 + 31 = ___
84 + 13 = ___
59 + 30 = ___
44 + 41 = ___

66 + 22 = ___
34 + 15 = ___
14 + 35 = ___
17 + 42 = ___
36 + 42 = ___
15 + 13 = ___

Arbeitsblatt

Rechne aus und schreibe das Ergebnis auf den Strich.

84 + 13 = ___
62 + 26 = ___
43 + 26 = ___
57 + 31 = ___
21 + 47 = ___
64 + 24 = ___

83 + 13 = ___
55 + 42 = ___
33 + 66 = ___
75 + 14 = ___
38 + 41 = ___
15 + 32 = ___

61 + 24 = ___
73 + 16 = ___
53 + 46 = ___
66 + 12 = ___
24 + 43 = ___
48 + 11 = ___

31 + 54 = ___
82 + 17 = ___
28 + 31 = ___
72 + 17 = ___
34 + 22 = ___
20 + 48 = ___

17 + 31 = ___
16 + 13 = ___
29 + 40 = ___
15 + 71 = ___
46 + 23 = ___
53 + 41 = ___

Arbeitsblatt

Rechne aus und schreibe das Ergebnis auf den Strich.

24 + 32 = ___   46 + 21 = ___   35 + 24 = ___
34 + 25 = ___   53 + 42 = ___   64 + 23 = ___
21 + 48 = ___   31 + 38 = ___   49 + 20 = ___
37 + 22 = ___   50 + 39 = ___   20 + 30 = ___
11 + 17 = ___   73 + 12 = ___   16 + 52 = ___
14 + 13 = ___   10 + 64 = ___   29 + 40 = ___

32 + 61 = ___   72 + 19 = ___   68 + 19 = ___
55 + 33 = ___   48 + 27 = ___   46 + 36 = ___
22 + 49 = ___   49 + 49 = ___   53 + 37 = ___
61 + 19 = ___   57 + 13 = ___   67 + 29 = ___
37 + 46 = ___   79 + 14 = ___   24 + 38 = ___
29 + 45 = ___   54 + 18 = ___   24 + 39 = ___

16 + 15 = ___   65 + 25 = ___
37 + 48 = ___   74 + 17 = ___
25 + 49 = ___   68 + 27 = ___
58 + 36 = ___   56 + 15 = ___
47 + 3 = ___   29 + 49 = ___
29 + 36 = ___   72 + 18 = ___

Arbeitsblatt

Rechne aus und schreibe das Ergebnis auf den Strich.

45 + 19 = __	58 + 26 = __	81 + 9 = __
23 + 38 = __	45 + 29 = __	76 + 14 = __
24 + 58 = __	22 + 39 = __	62 + 29 = __
46 + 38 = __	35 + 25 = __	44 + 28 = __
58 + 29 = __	19 + 17 = __	19 + 29 = __
36 + 16 = __	46 + 28 = __	36 + 19 = __

24 + 48 = __	36 + 59 = __	24 + 17 = __
67 + 17 = __	15 + 28 = __	28 + 69 = __
18 + 45 = __	28 + 37 = __	33 + 67 = __
27 + 14 = __	28 + 48 = __	26 + 38 = __
41 + 22 = __	22 + 29 = __	54 + 16 = __
22 + 39 = __	17 + 68 = __	15 + 17 = __

62 + 35 = __	43 + 26 = __
34 + 6 = __	51 + 27 = __
22 + 10 = __	39 + 30 = __
19 + 13 = __	72 + 24 = __
12 + 15 = __	21 + 63 = __
11 + 48 = __	14 + 13 = __

Arbeitsblatt

Rechne aus und schreibe das Ergebnis auf den Strich.

50 + 37 = ___	24 + 14 = ___	49 + 38 = ___
33 + 46 = ___	53 + 29 = ___	26 + 49 = ___
57 + 10 = ___	49 + 34 = ___	19 + 79 = ___
72 + 16 = ___	67 + 18 = ___	38 + 45 = ___
84 + 15 = ___	22 + 49 = ___	77 + 14 = ___
24 + 38 = ___	16 + 37 = ___	46 + 26 = ___

16 + 16 = ___	68 + 27 = ___	14 + 25 = ___
24 + 46 = ___	72 + 19 = ___	10 + 16 = ___
76 + 18 = ___	49 + 13 = ___	65 + 15 = ___
39 + 29 = ___	58 + 26 = ___	38 + 25 = ___
55 + 38 = ___	21 + 17 = ___	29 + 29 = ___
35 + 29 = ___	14 + 36 = ___	16 + 38 = ___

15 + 44 = ___	57 + 14 = ___
49 + 53 = ___	10 + 63 = ___
12 + 18 = ___	16 + 12 = ___
28 + 19 = ___	34 + 18 = ___
14 + 47 = ___	47 + 34 = ___
29 + 11 = ___	16 + 16 = ___

Arbeitsblatt

Rechne aus und schreibe das Ergebnis auf den Strich.

74 - 32 = __   56 - 45 = __
35 - 23 = __   69 - 16 = __
56 - 32 = __   67 - 34 = __
89 - 25 = __   97 - 14 = __
97 - 16 = __   80 - 50 = __
45 - 24 = __   83 - 53 = __

66 - 25 = __   96 - 35 = __
77 - 55 = __   43 - 21 = __
89 - 34 = __   75 - 53 = __
17 - 10 = __   82 - 21 = __
94 - 14 = __   38 - 15 = __
88 - 44 = __   47 - 25 = __

55 - 34 = __
29 - 12 = __
68 - 45 = __
34 - 13 = __
79 - 61 = __
58 - 23 = __

Arbeitsblatt

Rechne aus und schreibe das Ergebnis auf den Strich.

27 - 11 = __
49 - 36 = __
95 - 71 = __
84 - 72 = __
62 - 21 = __
66 - 41 = __

75 - 63 = __
47 - 34 = __
92 - 30 = __
86 - 35 = __
55 - 43 = __
69 - 57 = __

38 - 14 = __
24 - 20 = __
76 - 51 = __
98 - 36 = __
44 - 21 = __
87 - 22 = __

90 - 70 = __
66 - 55 = __
43 - 22 = __
89 - 24 = __
71 - 10 = __
26 - 12 = __

98 - 11 = __
36 - 20 = __
84 - 12 = __
26 - 12 = __
88 - 16 = __
75 - 22 = __

Symptomtraining

Dyskalkulie - Training nach der AFS-Methode © 2018

Arbeitsblatt

Rechne aus und schreibe das Ergebnis auf den Strich.

89 - 15 = __   89 - 17 = __   52 - 41 = __
75 - 21 = __   69 - 15 = __   85 - 14 = __
42 - 20 = __   58 - 22 = __   79 - 34 = __
75 - 62 = __   48 - 11 = __   39 - 25 = __
38 - 26 = __   99 - 27 = __   57 - 22 = __
67 - 35 = __   91 - 51 = __   97 - 32 = __

94 - 22 = __   25 - 11 = __   18 - 14 = __
59 - 13 = __   46 - 24 = __   64 - 23 = __
78 - 15 = __   73 - 21 = __   90 - 70 = __
87 - 43 = __   57 - 31 = __   75 - 40 = __
34 - 13 = __   84 - 32 = __   17 - 10 = __
68 - 56 = __   53 - 22 = __   49 - 37 = __

76 - 53 = __   46 - 33 = __
82 - 11 = __   48 - 6 = __
61 - 10 = __   52 - 38 = __
29 - 17 = __   65 - 28 = __
34 - 21 = __   72 - 39 = __
65 - 32 = __   84 - 46 = __

Arbeitsblatt

Rechne aus und schreibe das Ergebnis auf den Strich.

46 - 27 = __	68 - 39 = __	40 - 19 = __
38 - 29 = __	30 - 11 = __	75 - 36 = __
84 - 46 = __	53 - 29 = __	44 - 28 = __
91 - 56 = __	86 - 48 = __	53 - 17 = __
95 - 29 = __	98 - 39 = __	90 - 21 = __
42 - 17 = __	62 - 15 = __	25 - 9 = __

81 - 34 = __	74 - 37 = __	53 - 37 = __
22 - 3 = __	60 - 34 = __	72 - 29 = __
40 - 13 = __	58 - 19 = __	31 - 27 = __
76 - 58 = __	24 - 7 = __	84 - 59 = __
92 - 36 = __	62 - 33 = __	77 - 38 = __
65 - 18 = __	83 - 24 = __	42 - 16 = __

38 - 29 = __	82 - 55 = __
66 - 29 = __	91 - 69 = __
72 - 46 = __	83 - 79 = __
85 - 50 = __	75 - 29 = __
92 - 63 = __	94 - 65 = __
67 - 33 = __	84 - 56 = __

Arbeitsblatt

Rechne aus und schreibe das Ergebnis auf den Strich.

91 - 77 = __
84 - 74 = __
98 - 94 = __
62 - 25 = __
32 - 14 = __
41 - 22 = __

31 - 14 = __
81 - 44 = __
72 - 49 = __
94 - 36 = __
32 - 19 = __
25 - 12 = __

56 - 19 = __
32 - 16 = __
90 - 48 = __
82 - 49 = __
31 - 10 = __
71 - 23 = __

62 - 35 = __
42 - 8 = __
26 - 4 = __
56 - 37 = __
27 - 9 = __
17 - 12 = __

70 - 31 = __
60 - 10 = __
53 - 21 = __
96 - 36 = __
41 - 20 = __
37 - 22 = __

66 - 45 = __
35 - 23 = __
27 - 11 = __
49 - 32 = __
98 - 81 = __
77 - 53 = __

32 - 21 = __
56 - 36 = __
58 - 19 = __
61 - 37 = __
46 - 18 = __
33 - 9 = __

80 - 22 = __
92 - 17 = __
34 - 18 = __
72 - 53 = __
44 - 15 = __
64 - 39 = __

Arbeitsblatt

Rechne aus.

8	5	1	2
+1	+4	+1	+3

7	6	3	5
+3	+4	+1	+5

0	2	4	9
+9	+2	+2	+1

6	8	1	3
+2	+0	+6	+5

Symptomtraining

Dyskalkulie - Training nach der AFS-Methode © 2018

Arbeitsblatt

Rechne aus.

8 - 1	5 - 4	1 - 1	3 - 2
7 - 3	6 - 4	3 - 1	5 - 5
9 - 0	2 - 2	4 - 2	9 - 1
6 - 2	8 - 0	5 - 1	3 - 0

Arbeitsblatt

Rechne aus.

1	10	2	9	3	8
+2	-9	+6	-6	+3	-4

7	4	6	5	5	6
-7	+1	-3	+2	-2	+3

7	4	8	3	1	2
+1	-4	+2	-3	+5	-1

10	2	9	3	8	4
-5	+4	-2	+2	-7	+6

5	7	6	6	7	5
+3	-6	+1	-5	+2	-3

Symptomtraining   Dyskalkulie - Training nach der AFS-Methode © 2018

Arbeitsblatt

Rechne aus.

18	35	21	92
+31	+44	+11	+ 3

57	67	23	55
+43	+24	+21	+45

70	20	54	79
+19	+20	+26	+17

63	87	41	53
+22	+10	+16	+25

Symptomtraining — Dyskalkulie - Training nach der AFS-Methode © 2018

Arbeitsblatt

Rechne aus.

85	52	19	34
- 17	- 43	- 11	- 24

70	66	37	59
- 31	- 44	- 15	- 50

99	25	43	98
- 80	- 24	- 27	- 15

63	85	52	37
- 24	- 17	- 12	- 28

Symptomtraining — Dyskalkulie - Training nach der AFS-Methode © 2018

Arbeitsblatt

Rechne aus.

21	100	62	99	53	78
+22	-29	+36	-76	+31	-43

77	48	65	75	59	76
-17	+21	-35	+28	-32	+13

67	44	85	63	11	27
+21	-24	+ 2	- 3	+25	-11

100	29	99	3	98	34
-55	+24	-82	+72	-17	+36

55	47	46	26	27	45
+33	- 6	+51	-15	+12	- 3

Arbeitsblatt

Rechne aus.

```
  71     45     30     56     35     69
 +26    - 24   +24    - 45   +64    - 16
 ___    ____   ___    ____   ___    ____

  67     21     97     10     80     77
 - 34   +67    - 14   +33    - 50   +11
 ____   ___    ____   ___    ____   ___

  14     88     20     96     62     43
 +63    - 44   +60    - 35   +17    - 21
 ___    ____   ___    ____   ___    ____

  75     23     82     47     38     17
 - 53   +55    - 21   +20    - 15   +12
 ____   ___    ____   ___    ____   ___

  11     47     13     55     61     29
 +68    - 25   +46    - 34   +21    - 12
 ___    ____   ___    ____   ___    ____
```

Symptomtraining · Dyskalkulie - Training nach der AFS-Methode © 2018

Arbeitsblatt

Rechne aus.

16	83	72	66	10	77
+42	- 53	+12	- 25	+56	- 55

89	18	17	84	94	59
- 34	+31	- 10	+13	- 14	+30

44	68	66	34	34	79
+41	- 45	+22	- 13	+15	- 61

58	14	27	17	49	36
- 23	+35	- 11	+42	- 36	+42

36	95	15	84	84	62
+42	- 71	+13	- 72	+13	- 21

Symptomtraining — Dyskalkulie - Training nach der AFS-Methode © 2018

Arbeitsblatt

Rechne aus.

```
  718      345      521       92
 +531     +144     +111     +378
 ----     ----     ----     ----


  357      667      923      575
 +143     +324     + 21     +245
 ----     ----     ----     ----


  700      210      954      799
 +109     +220     + 26     +187
 ----     ----     ----     ----


  653      817      451      593
 +292     +110     +136     +285
 ----     ----     ----     ----
```

Arbeitsblatt

Rechne aus.

```
  817      322      731      952
- 461    - 174    - 681    - 918


  556      868      843      275
- 245    - 725    - 444    - 258


  670      221      154      588
- 589    - 220    - 126    - 467


  437      324      971      634
-  99    - 198    - 665    - 347
```

Arbeitsblatt

Rechne aus.

```
  234      547      143      236      116
+ 453    - 347    + 123    - 124    + 213
-----    -----    -----    -----    -----

  196      234      734      137      650
- 175    + 245    - 524    + 441    - 410
-----    -----    -----    -----    -----

  382      807      155      968      320
+ 417    - 405    + 641    - 707    + 465
-----    -----    -----    -----    -----

  593      415      846      138      652
- 391    + 184    - 725    + 210    - 622
-----    -----    -----    -----    -----

  807      368      572      590      135
+ 141    - 255    + 314    - 390    + 533
-----    -----    -----    -----    -----
```

Arbeitsblatt

Rechne aus.

838	146	659	610	814
− 175	+123	− 604	+377	− 404

561	322	330	287	425
+226	− 102	+459	− 270	+463

396	148	864	491	485
− 182	+111	− 231	+507	− 273

364	529	175	822	362
+525	− 420	+400	− 602	+624

958	109	653	226	783
− 741	+680	− 412	+773	− 124

Symptomtraining · Dyskalkulie − Training nach der AFS-Methode © 2018

Arbeitsblatt

+	1	2	3	4	5
1	2	3			
2	3				
3					
4					
5					

+	1	2	3	4	5
6					
7					
8					
9					
10					

Arbeitsblatt

+	5	6	7	8	9
1	6	7			
2	7				
3					
4					
5					

+	5	6	7	8	9
6					
7					
8					
9					
10					

Arbeitsblatt

+	3	2	1	4	5
5	8	7			
4	7				
1					
2					
3					

+	10	11	12	13	14
14					
15					
16					
17					
18					

Arbeitsblatt

·	1	2	3	4	5
1	1	2			
2	2				
3					
4					
5					

·	1	2	3	4	5
6					
7					
8					
9					
10					

Arbeitsblatt

·	5	6	7	8	9
1	5	6			
2	10				
3					
4					
5					

·	5	6	7	8	9
6					
7					
8					
9					
10					

Arbeitsblatt

·	3	2	1	4	5
5	15	10			
4	12				
1					
2					
3					

·	5	6	4	3	7
7					
3					
4					
6					
5					

Arbeitsblatt

1·

Der Rechenturm

```
         1 · 2
         2 · 3
         6 · 4
        24 · 5
    _____ · 6
    _____ · 7
    _____ · 8
    _____ · 9

    _____ : 2
    _____ : 3
    _____ : 4
    _____ : 5
    _____ : 6
    _____ : 7
    _____ : 8
    _____ : 9
         1
```

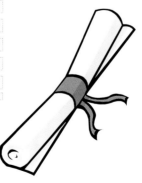

Arbeitsblatt

2 ••

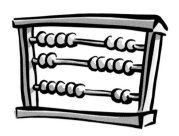

Der Rechenturm

```
           2 · 2
           4 · 3
          12 · 4
          48 · 5
_____ · 6
_____ · 7
_____ · 8
_____ · 9

_____ : 2
_____ : 3
_____ : 4
_____ : 5
_____ : 6
_____ : 7
_____ : 8
_____ : 9
              2
```

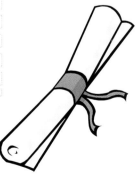

Arbeitsblatt

3

Der Rechenturm

$3 \cdot 2$
$6 \cdot 3$
$18 \cdot 4$
$72 \cdot 5$
_____ $\cdot 6$
_____ $\cdot 7$
_____ $\cdot 8$
_____ $\cdot 9$

_____ $: 2$
_____ $: 3$
_____ $: 4$
_____ $: 5$
_____ $: 6$
_____ $: 7$
_____ $: 8$
_____ $: 9$
3

Arbeitsblatt

4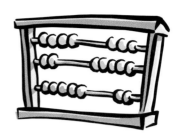

Der Rechenturm

```
        4 · 2
        8 · 3
       24 · 4
       96 · 5
    ____ · 6
    ____ · 7
    ____ · 8
    ____ · 9

    ____ : 2
    ____ : 3
    ____ : 4
    ____ : 5
    ____ : 6
    ____ : 7
    ____ : 8
    ____ : 9
        4
```

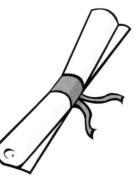

Arbeitsblatt

Der Rechenturm

```
        5 · 2
       10 · 3
       30 · 4
      120 · 5
    _____ · 6
    _____ · 7
    _____ · 8
    _____ · 9

    _____ : 2
    _____ : 3
    _____ : 4
    _____ : 5
    _____ : 6
    _____ : 7
    _____ : 8
    _____ : 9
         5
```

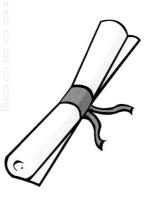

Arbeitsblatt

Der Rechenturm

$6 \cdot 2$
$12 \cdot 3$
$36 \cdot 4$
$144 \cdot 5$
____ $\cdot 6$
____ $\cdot 7$
____ $\cdot 8$
____ $\cdot 9$

____ $: 2$
____ $: 3$
____ $: 4$
____ $: 5$
____ $: 6$
____ $: 7$
____ $: 8$
____ $: 9$
6

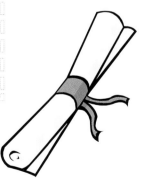

Arbeitsblatt

7

Der Rechenturm

$7 \cdot 2$
$14 \cdot 3$
$42 \cdot 4$
$168 \cdot 5$
_____ $\cdot 6$
_____ $\cdot 7$
_____ $\cdot 8$
_____ $\cdot 9$

_____ $: 2$
_____ $: 3$
_____ $: 4$
_____ $: 5$
_____ $: 6$
_____ $: 7$
_____ $: 8$
_____ $: 9$
7

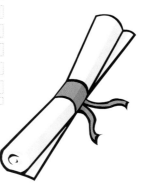

Symptomtraining

Arbeitsblatt

 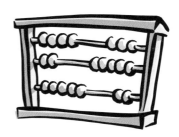

Der Rechenturm

```
       8 · 2
      16 · 3
      48 · 4
     192 · 5
_____ · 6
_____ · 7
_____ · 8
_____ · 9

_____ : 2
_____ : 3
_____ : 4
_____ : 5
_____ : 6
_____ : 7
_____ : 8
_____ : 9
       8
```

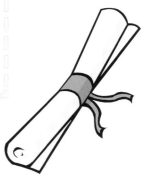

Arbeitsblatt

9

Der Rechenturm

```
         9 · 2
        18 · 3
        54 · 4
       216 · 5
    _____ · 6
    _____ · 7
    _____ · 8
    _____ · 9

    _____ : 2
    _____ : 3
    _____ : 4
    _____ : 5
    _____ : 6
    _____ : 7
    _____ : 8
    _____ : 9
         9
```

Symptomtraining

Arbeitsblatt

10

Der Rechenturm

```
        10 · 2
        20 · 3
        60 · 4
       240 · 5
   _____ · 6
   _____ · 7
   _____ · 8
   _____ · 9

   _____ : 2
   _____ : 3
   _____ : 4
   _____ : 5
   _____ : 6
   _____ : 7
   _____ : 8
   _____ : 9
        10
```

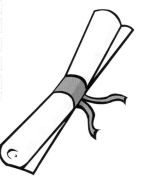

Symptomtraining — Dyskalkulie - Training nach der AFS-Methode © 2018

Arbeitsblatt

11

Der Rechenturm

```
          11 · 2
          22 · 3
          66 · 4
         264 · 5
       _____ · 6
       _____ · 7
       _____ · 8
       _____ · 9

       _____ : 2
       _____ : 3
       _____ : 4
       _____ : 5
       _____ : 6
       _____ : 7
       _____ : 8
       _____ : 9
            11
```

Arbeitsblatt

12

Der Rechenturm

```
   12 · 2
   24 · 3
   72 · 4
  288 · 5
_____ · 6
_____ · 7
_____ · 8
_____ · 9

_____ : 2
_____ : 3
_____ : 4
_____ : 5
_____ : 6
_____ : 7
_____ : 8
_____ : 9
     12
```

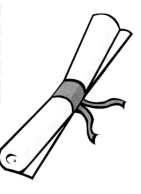

Arbeitsblatt

Der Rechenturm

```
     13 · 2
     26 · 3
     78 · 4
    312 · 5
   _____ · 6
   _____ · 7
   _____ · 8
   _____ · 9

   _____ : 2
   _____ : 3
   _____ : 4
   _____ : 5
   _____ : 6
   _____ : 7
   _____ : 8
   _____ : 9
       13
```

Arbeitsblatt

14

Der Rechenturm

14 · 2
28 · 3
84 · 4
336 · 5
_____ · 6
_____ · 7
_____ · 8
_____ · 9

_____ : 2
_____ : 3
_____ : 4
_____ : 5
_____ : 6
_____ : 7
_____ : 8
_____ : 9
14

Arbeitsblatt

_____

Der Rechenturm

_____ · 2
_____ · 3
_____ · 4
_____ · 5
_____ · 6
_____ · 7
_____ · 8
_____ · 9
_____

_____ : 2
_____ : 3
_____ : 4
_____ : 5
_____ : 6
_____ : 7
_____ : 8
_____ : 9
_____

Arbeitsblatt

100 Euro Cent = 1 Euro

 = 1 Euro Cent

 = 2 Euro Cent

 = 5 Euro Cent

 = 10 Euro Cent

 = 20 Euro Cent

 = 50 Euro Cent

 = 1 Euro

 = 2 Euro

Arbeitsblatt

 = ___

 + = ___

 +  = ___

 +  = ___

Symptomtraining — Dyskalkulie - Training nach der AFS-Methode © 2001

Arbeitsblatt

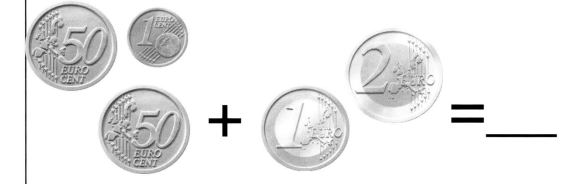

Symptomtraining Dyskalkulie - Training nach der AFS-Methode © 2001

Arbeitsblatt

 - = ____

 - = ____

 -  = ____

 - = ____

Symptomtraining   Dyskalkulie - Training nach der AFS-Methode © 2001

Arbeitsblatt

 +  = ___

 +  = ___

 +  = ___

 +  = ___

Wieviel Geld siehst Du?

Arbeitsblatt

 = ___

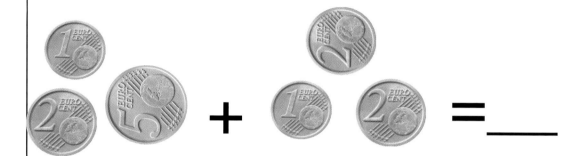 = ___

 = ___

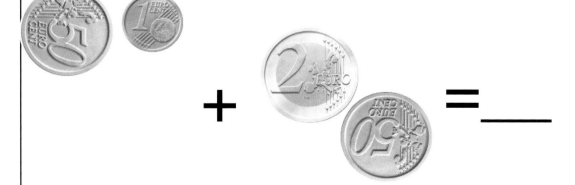 = ___

Arbeitsblatt

 = ___

 = ___

 = ___

 = ___

Arbeitsblatt

Schreibe die Zeit auf den Strich.

_____   _____

_____   _____

_____   _____

Arbeitsblatt

Schreibe die Zeit auf den Strich.

_____   _____

_____   _____

_____   _____

Arbeitsblatt

Schreibe die Zeit auf den Strich.

_____   _____

_____   _____

_____   _____

Arbeitsblatt

Trage die Zeiger ein.

12:20

17:55

9:05

19:00

5:30

24:00

Arbeitsblatt

Trage die Zeiger ein.

15:45

1:40

21:25

3:10

7:15

11:35

Arbeitsblatt

Trage die Zeiger ein.

20:50

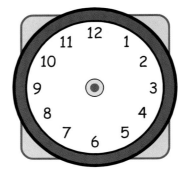
14:30

22:30

6:00

8:45

2:15

Arbeitsblatt

Trage die digitale Zeit ein.

drei viertel fünf

viertel drei

halb sieben

acht

drei viertel eins

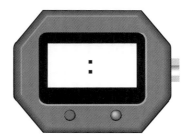

viertel vier

Arbeitsblatt

Trage die digitale Zeit ein.

halb zehn   **zwölf**

drei viertel zwei   **viertel sechs**

 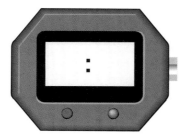

halb neun   **elf**

Arbeitsblatt

Trage die digitale Zeit ein.

drei viertel neun   **viertel acht**

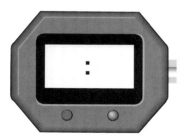 

halb drei   **eins**

drei viertel zwölf   **viertel elf**

Arbeitsblatt

Schreibe die Zeit in Worten auf den Strich.

_____

_____

_____

_____

_____

_____

Arbeitsblatt

Schreibe die Zeit in Worten auf den Strich.

_____   _____

_____   _____

_____   _____

Arbeitsblatt

Schreibe die Zeit in Worten auf den Strich.

_____ _____

_____ _____

_____ _____

Arbeitsblatt

Stelle die Textaufgaben rechnerisch dar.

Maxi hat vier Äpfel, Karli hat sieben Äpfel. Wie viele Äpfel haben sie zusammen?

_____

Karli hat sieben Äpfel. Karli isst zwei seiner Äpfel auf. Wie viele hat er noch übrig?

_____

Maxi hat vier Äpfel, Karli hat sieben Äpfel. Maxi gibt Karli einen Apfel. Wie viele Äpfel hat Karli nun? Wie viele Äpfel bleiben Maxi?

_____

_____

Maxi hat vier Äpfel, Karli hat sieben Äpfel. Karli isst drei seiner Äpfel auf und gibt zwei Maxi. Wie viele Äpfel hat Karli übrig? Wie viele Äpfel hat Maxi jetzt?

_____

_____

Arbeitsblatt

Stelle die Textaufgaben rechnerisch dar.

Hansi hat vier Murmeln, Lisa hat fünf Murmeln. Wie viele Murmeln haben sie zusammen?

_____

Maria hat acht Kekse. Sie gibt vier davon Boris. Wie viele hat sie noch übrig?

   _____

Josef hat 2 Euro, und Michael hat 5 Euro. Wie viele Euro haben sie zusammen?

_____

Eine Familie hat eine Pizza mit acht Stücken bestellt. Die Eltern haben schon drei Stücke aufgegessen. Wie viele Stücke bleiben für die Kinder?

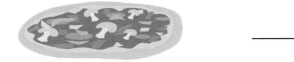   _____

Arbeitsblatt

Stelle die Textaufgaben rechnerisch dar.

Sandra hat zwei Bananen, Tina hat drei Bananen, und Johannes hat fünf Bananen. Wie viele haben sie zusammen?

_____

Kerstin hat vierzehn Stifte, sie gibt fünf davon Martina. Wie viele Stifte hat Kerstin noch übrig?

_____

Michael hat vier grüne Fische, drei schwarze Fische und zwei Goldfische in seinem Aquarium. Wie viele Fische schwimmen insgesamt im Aquarium?

_____

In einem Käfig wohnen acht Vögel. Drei davon sind gelb. Wie viele sind nicht gelb?

_____

Arbeitsblatt

Stelle die Textaufgaben rechnerisch dar.

Peter ging in eine Tierhandlung. Dort sah er sieben Hasen. Vier davon haben geschlafen. Wie viele Hasen waren wach?

_____

Paul hat neun Katzen. Vier von den Katzen sind grau. Wie viele Katzen sind nicht grau?

_____

Maria hat acht Puppen. Sie bekam zu Weihnachten noch drei dazu. Wie viele hat sie jetzt?

_____

Eva hatte 20 Euro. Sie hat davon 12 Euro schon verbraucht. Wie viele Euro hat sie noch übrig?

_____

Arbeitsblatt

Stelle die Textaufgaben rechnerisch dar.

In einer Klasse sind 19 Schüler. Sieben sind im Moment krank. Wie viele sind gesund?

_____

Pia hat 15 Kleider. Sie schenkte zwei davon ihrer Freundin. Später bekam sie zum Geburtstag ein neues Kleid. Wie viele hat sie nun?

_____

Neun Leute fuhren mit dem Bus. Bei der ersten Station stiegen drei aus, bei der zweiten stiegen zwei aus. Wie viele Leute sitzen noch immer im Bus?

_____

Mark hatte 29 Bücher, 14 davon gab er seinen Freunden. Wie viele hat er noch übrig?

_____

Arbeitsblatt

Stelle die Textaufgaben rechnerisch dar.

Paul hat 88 Kekse gebacken, 12 hat er aufgegessen. Den Rest verschenkte er. Wie viele Kekse wurden verschenkt?

_____

Georg hat vier rote Bälle, zwei gelbe Bälle und einen blauen Ball. Wie viele Bälle hat er insgesamt?

_____

Sarah hat sieben Katzen. Fünf haben Streifen. Wie viele haben keine?

_____

Markus ging am Morgen mit 97 Euro Cent aus dem Haus. Am Abend hatte er nur mehr 32 Euro Cent. Wie viel Cent hat er verbraucht?

_____

Karls Fußballmannschaft hat in ihrem ersten Spiel zwei Tore geschossen, im zweiten vier und im dritten drei. Wie viele Tore hat sie insgesamt geschossen?

_____

Arbeitsblatt

Stelle die Textaufgaben rechnerisch dar.

Melissa hat am Strand vier Muscheln gefunden. Am nächsten Tag entdeckte sie sogar zehn. Wie viele hat sie nun insgesamt?

_____

Simon hat fünf Fische gefangen, Bettina drei und der Vater sechs. Wie viele Fische haben alle zusammen gefangen?

   _____

Am Vormittag sah Robert drei Hunde, zu Mittag zwei und am Abend eine ganze Gruppe von 11 Hunden. Wie viele hat er den ganzen Tag gesehen?

_____

Marlies hatte vier Murmeln, sie gab zwei davon an Peter weiter. Später gab ihr Maria vier Murmeln. Wie viele Murmeln hatte Maria am Ende?

_____

Arbeitsblatt

Stelle die Textaufgaben rechnerisch dar.

In einem Zimmer stehen sechs Stühle. Frau Maier stellt noch neun Stühle in das Zimmer, Herr Huber fünf. Wie viele Stühle stehen nun insgesamt dort?

Lisa hatte sieben Ballons. Sechs davon gingen kaputt. Wie viele hat Lisa noch übrig?

Daniel hatte 12 Dosen zu verkaufen. Er verkaufte aber nur sieben. Wie viele hat er noch übrig?

Isabel hatte 18 Ketten. Sie gab Christina sechs und Lena sieben. Wie viele hat sie noch übrig?

Arbeitsblatt

Stelle die Aufgaben rechnerisch dar.

Wie viel ist sieben plus neun?

_____

Wie viel ist 14 minus sechs?

_____

Wie viel ist sieben minus vier?

_____

Was kommt heraus, wenn man 12 von 26 wegnimmt?

_____

Wie lautet das Ergebnis, wenn man 53 plus 17 rechnet?

_____

Wie viel ist zwei plus drei plus vier plus fünf?

_____

Fange mit der Zahl drei an, zähle vier dazu, zähle noch zwei dazu. Wie viel hast du jetzt?

_____

Arbeitsblatt

Stelle die Aufgaben rechnerisch dar.

Zähle zwei, fünf, eins und sechs zusammen.

_____

Wie viel ist 65 minus 32?

_____

Wie viel ist 46 plus 33?

_____

Wie viel ist 15 plus 28 plus 39?

_____

Wie viel ist 33 plus 28 minus 17?

_____

Wie viel ist 36 plus 17 minus 20 plus 12?

_____

Starte mit der Zahl 93, zähle 24 ab, zähle nochmals 50 ab.
Wie lautet das Ergebnis?

_____

Arbeitsblatt

Hunderterbrett

Der Trainer sagt dir eine Rechnung vor, und du sollst diese wie auf dem Beispiel einzeichnen und unten mit Zahlensymbolen darstellen.

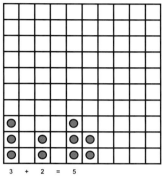

3 + 2 = 5

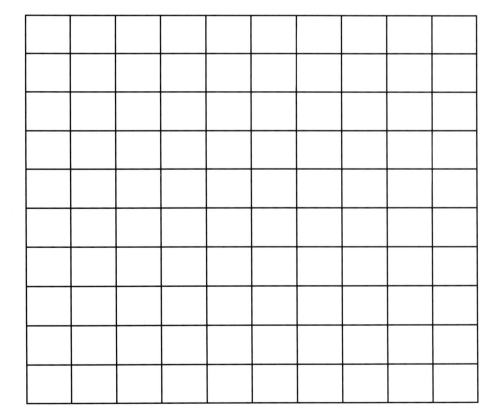

_____

Symptomtraining Dyskalkulie - Training nach der AFS-Methode © 2018

Nützliche Internetlinks
zu den Themen Legasthenie & Dyskalkulie

Fernstudium zum diplomierten Legasthenietrainer
http://www.legasthenietfernstudium.com
Fernstudium zum diplomierten Dyskalkulietrainer
http://www.dyskalkuliefernstudium.com
Umfassende Ausbildungen für Interessierte aus aller Welt!

Diplomierte Legasthenie- & Dyskalkulietrainer aus der ganzen Welt
http://www.legasthenietrainer.com
http://www.dyskalkulietrainer.com
Sie suchen einen Spezialisten in Ihrer Nähe? Suchen Sie nicht länger!

Sie suchen nach Informationen zu den Themen Legasthenie, Lese-Rechtschreib-schwäche (LRS), Dyskalkulie oder Rechenschäche im Internet?

… Hier sind Sie richtig!

⇒ Gratis Download von Programmen und Informationen

⇒ Shop mit Büchern, Spielen und Software

⇒ Professionelle Hilfe in Ihrer Nähe

⇒ Neues über das Phänomen

⇒ Tests, Richtlinien und Umgang mit betroffenen Menschen

Arbeitsblätter und Materialien
http://www.arbeitsblaetter.org
Kostenlos stellen hier diplomierte Legasthenie- & Dyskalkulietrainer mehr als 20.000 Arbeitsblätter und Trainingsmaterialien bei Legasthenie, LRS, Dyskalkulie, oder Rechenschwäche zur Verfügung.

EÖDL Online-Shop
http://shop.legasthenie.com
Bücher, Computerprogramme, Trainingsmaterialien… Die Autor/innen sind „Im Dienste legasthener und dyskalkuler Menschen" tätig.

EÖDL - Erster Österreichischer Dachverband Legasthenie
http://www.legasthenie.at
Österreichs größter Legasthenieverband mit Aktivitäten aus allen Bundesländern.

DVLD - Dachverband Legasthenie Deutschland e.V.
http://www.legasthenieverband.org
Ständig aktualisiert mit News, Erlässen, Aktivitäten aus Deutschland, bietet Rat und Hilfe für legasthene und dyskalkule Menschen.

Bücher & Materialien
des Ersten Österreichischen Dachverbandes Legasthenie

Der legasthene Mensch
Dr. Astrid Kopp-Duller

Hat Ihr begabtes Kind Schwierigkeiten beim Lesen, Schreiben oder Rechnen? Was Lehrer und Eltern über Legasthenie, Lese-Rechtschreibschwäche, Dyskalkulie und Rechenschwäche wissen sollten!
Preis: € 16.90

Legasthenie - Dyskalkulie !?
Dr. Astrid Kopp-Duller, Livia R. Pailer-Duller

Die Bedeutsamkeit der pädagogisch-didaktischen Hilfe bei Legasthenie, Dyskalkulie und anderen Schwierigkeiten beim Schreiben, Lesen und Rechnen. Liefert klare Antworten aus der pädagogischen Forschung. **Preis: € 16.90**

Legasthenie im Erwachsenenalter
Dr. Astrid Kopp-Duller, Mag. Livia R. Pailer-Duller

Jeder erwachsene Mensch muss das Schreiben und Lesen zumindest in den Grundzügen ausreichend beherrschen. Es wird besonderer Wert auf die Hilfestellung für ein gezieltes praktisches Training gelegt. Inkl. CD-Rom mit Arbeitsblättern und zum Ausdrucken. **Preis: € 21.00**

Dyskalkulie im Erwachsenenalter
Dr. Astrid Kopp-Duller, Livia R. Pailer-Duller

Ein gezieltes individuelles Training, das mit Hilfe eines im Buch enthaltenem Feststellungsverfahren geplant wird, ist der nächste bedeutende Schritt zum nachhaltigen Erfolg. Inkl. CD-Rom mit Arbeitsblättern und zum Ausdrucken. **Preis: € 21.00**

Easy Reading Leseschablone

Lesen in Farbe! Patentierte Leseschablone für alle (auch nicht legasthene) Kinder im Grundschulalter aus hochwertigem Kunststoff. Einfacher, schneller, besser - und Kinder lesen wieder gerne! Mit eigens dafür entwickelter Lesetechnik. **Preis: € 9.80**

Legasthenie - Training nach der AFS-Methode
Dr. Astrid Kopp-Duller

Legasthenie erkennen - verstehen - akzeptieren - bewältigen! Diese methodische Handreichung enthält viele praktische Ideen für das Training von legasthenen oder lese-rechtschreibschwachen Kindern. Inkl. CD-Rom mit Arbeitsblättern zum Ausdrucken.
Die **LEGASTHENIE-BIBEL**!   **Preis: € 36.00**

Dyskalkulie - Training nach der AFS-Methode
Dr. Astrid Kopp-Duller, Mag. Livia R. Pailer-Duller

Zahlreiche Übungen für Kinder mit Dyskalkulie oder Rechenschwäche für ein erfolgreiches Training - vom Erlernen des Zahlbegriffes bis hin zu den Grundrechenarten. Inkl. CD-Rom mit Arbeitsblättern zum Ausdrucken.
Die **DYSKALKULIE-BIBEL**!   **Preis: € 32.00**

Training der Sinneswahrnehmungen im Vorschulalter
Dr. Astrid Kopp-Duller, Mag. Livia R. Pailer-Duller

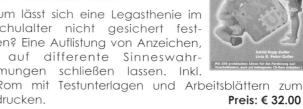

Warum lässt sich eine Legasthenie im Vorschulalter nicht gesichert feststellen? Eine Auflistung von Anzeichen, die auf differente Sinneswahrnehmungen schließen lassen. Inkl. CD-Rom mit Testunterlagen und Arbeitsblättern zum Ausdrucken. **Preis: € 32.00**

Legasthenie und Fremdsprache Englisch - Training nach der AFS-Methode
Dr. Astrid Kopp-Duller, Mag. Livia R. Pailer-Duller

Mit vielen praktischen Ideen für den Unterricht und das gezielte Training von legasthenen Kindern in der Fremdsprache Englisch, damit der Schulalltag besser bewältigt werden kann. Inkl. CD-Rom mit Arbeitsblättern zum Ausdrucken. **Preis: € 32.00**

Bestellung möglich per:

 Post: Feldmarschall Conrad Platz 7, A-9020 Klagenfurt

Internet: http://shop.legasthenie.com

Email: mail@legasthenie.com

Tel.: +43 463 55660
Fax: +43 463 269120

https://Shop.Legasthenie.com

Letters2Words *Kartenspiel*
Dieses Kartenspiel zur Worterarbeitung hilft Kindern mit Lese- und Schreibproblemen. Man kann spielend Buchstaben und Wörter erarbeiten. Es sind 110 Karten mit allen Buchstaben enthalten sowie sechs Joker, welche auch Mit- oder Selbstlaute symbolisieren können. **Preis: €14.80**

Mein Lesebuch *Kinderbuch*
Enthält 20 entzückende Geschichten mit farbigen Illustrationen, die für Erstleser geeignet sind. Kommt mit Online-Audiobuch zum Vorlesen und Mitlesen und mit Fragen zum Text. **Preis: €14.80**
Mit Easy Reading Leseschablone: €19.80

Mathe4Matic *Kartenspiel*

Dieses Kartenspiel zum Rechnen hilft Kindern mit Rechenproblemen. Man kann spielend Zahlen, Mengen und Grundrechenarten erlernen. In dem Kartenspiel sind Karten mit den Zahlen 1 bis 12 in vier Farben enthalten sowie vier Joker für die vier Grundrechenarten. **Preis: €9.80**

Easy Training Set Plus *Spielesammlung*
Enthält über 160 Karten, 10 Vorlagen, ein Holz-Tangram, ein Labyrinth-Spiel, eine CD-Rom mit akustischen Übungen, das Kartenspiel Letters2Words und mehrere Anleitungsbroschüren zum täglichen Training für den Aufmerksamkeits-, Funktions- und Symptombereich zur aktiven Verbesserung der Schulleistung. Besonders abgestimmt auf das Ergebnis des *AFS-Tests*. **Preis: €39.00**

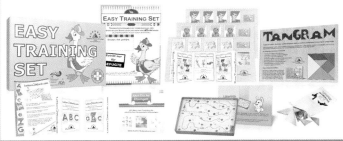

Akustische Übungen *CD-Rom*

Enthält 40 Übungen für die Akustische Differenzierung, 40 Geschichten mit 400 Fragen für das Akustische Gedächtnis und ein Serien-Spiel mit Tönen für die Akustische Serialität. **Preis: €14.80**

Easy Maths Set *Spielesammlung*
Diese pädagogische Spielesammlung zur Verbesserung der Rechenfertigkeit wurde nach den neuesten wissenschaftlichen Erkenntnissen zusammengestellt. Enthalten sind drei Broschüren mit Trainingsanleitungen, das Kartenspiel Mathe4matic, ein Turmrechenblock, zwei Spielpläne, 250 Plättchen in fünf Farben, ein Würfelset (0-9-Würfel, 00-90-Würfel, 000-900-Würfel, 0000-9000-Würfel) und zwei 0-9-Würfel. **Preis: €36.00**

Lernpuzzle, Wortpuzzle, Schiebepuzzle ...
auf CD-Roms

Computerspiele zum Puzzlen: klassische Puzzles mit Bildern, Fehlerwörter-Puzzles und Schiebepuzzles. Geschult werden die optische Differenzierung, die Raumwahrnehmung und die optische Serialität. Diese Fähigkeiten sind eine wesentliche Voraussetzung für ein problemloses Erlernen des Schreibens, Lesens und Rechnens. Die Computerprogramme können auf beliebig vielen Computern gespeichert werden. **Preis: je €5.00**

Erster Österreichischer Dachverband Legasthenie gGmbH
Feldmarschall Conrad Platz 7, A-9020 Klagenfurt, Österreich
Tel.: +43 463 55660, http://shop.legasthenie.com, mail@legasthenie.com

BEZAHLUNG: Bei Lieferung innerhalb Österreichs oder nach Deutschland auf Rechnung. Andere Länder per Vorkasse. Begleichung mittels Überweisung, Kreditkarte oder Paypal (office@legasthenie.com).

VERSANDKOSTEN: Ab einem Bestellwert von € 50.00 nach Österreich und Deutschland **versandkostenfrei**! Österreich: € 5.00, Deutschland: bis 500g € 5.00, über 500g € 10.00, andere Länder nach tatsächlichem Aufwand.

Fernstudium zum diplomierten Legasthenietrainer des EÖDL

Im Fernstudium sind vier Theorie-Module sowie zahlreiches Trainingsmaterial und Computerprogramme für die praktische Arbeit enthalten. Neben der Vermittlung von Theorie wird ein besonderer Schwerpunkt auf die pädagogisch-didaktischen Kenntnisse für die Praxis gelegt. Jeder Teilnehmer wird durch einen persönlichen Studienassistenten unterstützt.

Spezialisten mit dieser Ausbildung sind in 64 Ländern in staatlichen und anderen Institutionen gefragt, weil den Verantwortlichen bekannt ist, dass ausgezeichnete Arbeit geleistet wird. Diplomierte Legasthenietrainer/innen arbeiten schulisch und außerschulisch auf pädagogisch-didaktischer Ebene sehr erfolgreich mit Kindern, Jugendlichen und Erwachsenen, die Schreib- und/oder Leseprobleme oder mit Kleinkindern, welche differente Sinneswahrnehmungen haben.

Legasthenietrainer
Im Dienste legasthener Menschen!®

Weitere Information inkl. Leseprobe und Anmeldeformular werden per Post <u>kostenfrei</u> zugesendet und können <u>unverbindlich</u> angefordert werden:

Dyslexia Research Center
EÖDL Erster Österreichischer
Dachverband Legasthenie
Tel.: +43 463 55660
mail@legasthenie.com

http://www.LegasthenieFernstudium.com

Fernstudium zum diplomierten Dyskalkulietrainer des EÖDL

Der Erste Österreichische Dachverband Legasthenie (EÖDL) bildet seit 20 Jahren internationale Legastheniespezialisten aus, welche Ihr Wissen bei der Arbeit mit Betroffenen in persönlichen Erfolg umsetzen. Dies soll auch auf dem Gebiet der Dyskalkulie ermöglicht werden.

Die Studienunterlagen bestehen aus anschaulichen und leicht fasslichen Modulen, praxiserprobten Trainingsmaterial für das Dyskalkulietraining und detaillierten Studienanleitungen, die Ihren Lernerfolg sicher machen.

Die Inhalte des Fernstudiums entwickeln Ihre pädagogischen und erzieherischen Fähigkeiten individuell weiter, damit Sie Betroffenen, die Schwierigkeiten mit dem Rechnen haben, punktgenau weiterhelfen zu können.

Dyskalkulietrainer
Im Dienste dyskalkuler Menschen! ®

Weitere Information inkl. Leseprobe und Anmeldeformular werden per Post <u>kostenfrei</u> zugesendet und können <u>unverbindlich</u> angefordert werden:

Erster Österreichischer Dachverband Legasthenie EÖDL
Dyslexia Research Center   Tel.: +43 463 55660   mail@legasthenie.com

http://www.DyskalkulieFernstudium.com